Dominando el poder de Python: Desarrolla tus habilidades y conquista el mundo de la programaciÃ³n

DESCRIPCION:

"Dominando el poder de Python: Desarrolla tus habilidades y conquista el mundo de la programaciÃ³n":

"Dominando el poder de Python" es un libro completo diseÃ±ado para aquellos que desean aprender Python y adquirir habilidades sÃ³lidas en programaciÃ³n. Este libro guÃa al lector a travÃ©s de los fundamentos de Python, desde los conceptos bÃ¡sicos hasta las tÃ©cnicas avanzadas, con el objetivo de proporcionar una base sÃ³lida para el desarrollo de software.

El libro comienza con una introducciÃ³n al lenguaje de programaciÃ³n Python, destacando su potencia y versatilidad. A medida que avanzas, te sumergirÃ¡s en los fundamentos de Python, incluyendo variables, tipos de datos y operadores, brindÃ¡ndote una comprensiÃ³n profunda de cÃ³mo trabajar con la informaciÃ³n en el lenguaje.

Luego, el libro explora el control de flujo en Python, enseÃ±Ã¡ndote cÃ³mo utilizar condicionales y bucles para tomar el control de tus programas y crear lÃ³gica robusta. A continuaciÃ³n, se profundiza en las estructuras de datos, como listas, tuplas, conjuntos y diccionarios, que te permitirÃ¡n organizar y manipular la informaciÃ³n de manera eficiente.

El capÃtulo sobre funciones te enseÃ±arÃ¡ a crear bloques de cÃ³digo reutilizables, lo que mejorarÃ¡ la modularidad de tus programas y te permitirÃ¡ escribir cÃ³digo mÃ¡s limpio y legible. A medida que avances en el libro, tambiÃ©n aprenderÃ¡s sobre mÃ³dulos y paquetes, que te permitirÃ¡n expandir las capacidades de Python utilizando la biblioteca estÃ¡ndar y otras bibliotecas externas.

El libro aborda temas fundamentales como la manipulaciÃ³n de archivos, el manejo de excepciones y la programaciÃ³n orientada a objetos en Python, brindÃ¡ndote las herramientas necesarias para enfrentar desafÃos comunes en el desarrollo de software. TambiÃ©n explora la manipulaciÃ³n de cadenas, las expresiones regulares y el acceso a bases de datos, ampliando tus habilidades y permitiÃ©ndote trabajar con diferentes tipos de datos.

AdemÃ¡s, el libro te sumerge en el mundo del desarrollo web utilizando Python, presentÃ¡ndote frameworks y herramientas populares para crear aplicaciones web dinÃ¡micas y atractivas. TambiÃ©n explora la creaciÃ³n de interfaces grÃ¡ficas, el desarrollo de juegos, el procesamiento de datos y la inteligencia artificial, brindÃ¡ndote un panorama completo de las aplicaciones de Python en diferentes Ã¡reas.

Finalmente, el libro te guÃa en el despliegue y empaquetado de aplicaciones, preparÃ¡ndote para distribuir tus programas y

utilizarlos en entornos de producción. Además, incluye una
sección de proyectos finales que te desafiará a aplicar tus
conocimientos y crear proyectos completos, lo que te permitirá
demostrar tus habilidades y consolidar tu aprendizaje.

"Dominando el poder de Python" es un recurso esencial para cualquier
persona interesada en aprender Python y desarrollar habilidades
sólidas en programación. Ya sea que seas un principiante absoluto
o un programador experimentado que busca expandir su conjunto de
habilidades, este libro te proporcionará los conocimientos
necesarios para conquistar el mundo de la programación utilizando
Python.

Capítulo 1: Introducción a Python: Un vistazo al lenguaje de
programación más poderoso.

Capítulo 2: Los fundamentos de Python: Variables, tipos de datos y
operadores.

Capítulo 3: Control de flujo: Condicionales y bucles para tomar el
control de tus programas.

Capítulo 4: Estructuras de datos: Listas, tuplas, conjuntos y
diccionarios para organizar y manipular información.

Capítulo 5: Funciones: Crea bloques de código reutilizables y
mejora la modularidad de tus programas.

Capítulo 6: Módulos y paquetes: Utiliza la biblioteca estándar y
expande las capacidades de Python.

Capítulo 7: Manipulación de archivos: Lee y escribe datos en
archivos para interactuar con el sistema de archivos.

Capítulo 8: Excepciones: Maneja errores y excepciones de manera
elegante y robusta.

Capítulo 9: Programación orientada a objetos: Conceptos
fundamentales y creación de clases en Python.

Capítulo 10: Herencia y polimorfismo: Construye jerarquías de
clases y aprovecha la flexibilidad de Python.

Capítulo 11: Manipulación de cadenas: Trabaja con texto y realiza
operaciones avanzadas de manipulación.

Capítulo 12: Expresiones regulares: Utiliza patrones de búsqueda
para procesar y manipular texto.

Capítulo 13: Acceso a bases de datos: Conecta Python con bases de
datos y realiza consultas SQL.

Capítulo 14: Desarrollo web con Python: Introducción a frameworks
y herramientas populares.

CapÃtulo 15: CreaciÃ³n de interfaces grÃ¡ficas: Construye aplicaciones con una interfaz visual atractiva.

CapÃtulo 16: Desarrollo de juegos: Aprende a crear tus propios juegos con Python y librerÃas especializadas.

CapÃtulo 17: Procesamiento de datos: ManipulaciÃ³n, anÃ¡lisis y visualizaciÃ³n de grandes conjuntos de datos.

CapÃtulo 18: Inteligencia artificial y aprendizaje automÃ¡tico: Explora las capacidades de Python en el campo de la IA.

CapÃtulo 19: Despliegue y empaquetado de aplicaciones: Prepara tus programas para distribuciÃ³n y uso en producciÃ³n.

CapÃtulo 20: Proyectos finales: DesafÃos y ejercicios para aplicar tus conocimientos y crear proyectos completos.

CapÃtulo 1: IntroducciÃ³n a Python: Un vistazo al lenguaje de programaciÃ³n mÃ¡s poderoso

Python, un lenguaje de programaciÃ³n versÃ¡til y poderoso, ha ganado popularidad en los Ãºltimos aÃ±os debido a su simplicidad, legibilidad y eficiencia. En este capÃtulo introductorio, exploraremos los fundamentos de Python, su historia, caracterÃsticas principales y ventajas sobre otros lenguajes.

1.1 Â¿QuÃ© es Python?
Python es un lenguaje de programaciÃ³n de alto nivel, interpretado y de propÃ³sito general. Fue creado en la dÃ©cada de 1990 por Guido van Rossum, y su nombre fue inspirado en el grupo de comedia britÃ¡nico "Monty Python". La filosofÃa detrÃ¡s de Python se basa en la legibilidad del cÃ³digo y en la idea de que un programa debe ser fÃ¡cil de leer y comprender.

1.2 Â¿Por quÃ© Python es poderoso?
Python es ampliamente considerado como uno de los lenguajes mÃ¡s poderosos debido a sus numerosas ventajas:

1.2.1 Sintaxis clara y legible:
La sintaxis de Python se destaca por su claridad y legibilidad. Utiliza un enfoque basado en la indentaciÃ³n para delimitar bloques de cÃ³digo en lugar de utilizar llaves o palabras clave especiales. Esto hace que el cÃ³digo Python sea fÃ¡cil de leer y comprender, lo que facilita tanto el aprendizaje como el mantenimiento del cÃ³digo a largo plazo.

1.2.2 Amplia biblioteca estÃ¡ndar:
Python cuenta con una biblioteca estÃ¡ndar extensa y poderosa que cubre una amplia gama de Ã¡reas, desde manipulaciÃ³n de cadenas hasta desarrollo web, procesamiento de imÃ¡genes, anÃ¡lisis de datos y mucho mÃ¡s. Esta biblioteca estÃ¡ndar reduce la necesidad de

buscar y utilizar bibliotecas externas, lo que agiliza el proceso de desarrollo y facilita la creación de aplicaciones completas.

1.2.3 Comunidad activa:
Python cuenta con una gran comunidad de desarrolladores activos que contribuyen con bibliotecas y módulos adicionales, lo que amplía aún más sus capacidades. Además, la comunidad es conocida por ser amigable y acogedora, lo que facilita el acceso a recursos, documentación y soporte en línea.

1.2.4 Portabilidad:
Python es compatible con una amplia variedad de plataformas, incluyendo Windows, macOS, Linux y sistemas embebidos. Esto permite desarrollar aplicaciones una vez y ejecutarlas en múltiples entornos sin necesidad de realizar cambios significativos en el código fuente.

1.3 Aplicaciones de Python:
Python se utiliza en una amplia variedad de aplicaciones y sectores de la industria. Algunas áreas destacadas incluyen:

1.3.1 Desarrollo web:
Python es ampliamente utilizado en el desarrollo web a través de frameworks populares como Django y Flask. Estos frameworks simplifican la creación de aplicaciones web robustas y escalables al proporcionar una estructura y herramientas predefinidas.

1.3.2 Análisis de datos y ciencia de datos:
Python es una opción popular para el análisis y procesamiento de datos debido a sus bibliotecas como NumPy, Pandas y Matplotlib. Estas bibliotecas ofrecen funcionalidades avanzadas para el procesamiento, manipulación y visualización de datos, lo que lo convierte en una herramienta poderosa para cient

íficos de datos y analistas.

1.3.3 Inteligencia artificial y aprendizaje automático:
Python se ha convertido en uno de los lenguajes preferidos para desarrollar algoritmos de inteligencia artificial y aprendizaje automático. Bibliotecas como TensorFlow, PyTorch y Scikit-learn proporcionan un entorno rico y eficiente para desarrollar modelos de aprendizaje automático y redes neuronales.

1.4 Configuración del entorno de desarrollo:
Antes de comenzar a programar en Python, es importante configurar un entorno de desarrollo adecuado. En este capítulo introductorio, se brindarán instrucciones básicas para la instalación de Python en diferentes sistemas operativos, así- como recomendaciones sobre editores de código y herramientas adicionales que pueden mejorar la experiencia de programación.

1.5 Primer programa en Python:
Para familiarizarnos con Python, crearemos un programa simple que muestre el clásico mensaje "¡Hola, mundo!" en la consola. A lo

largo de este capÃtulo, se explicarÃ¡n los conceptos bÃ¡sicos necesarios para comprender y ejecutar este programa, incluyendo la estructura bÃ¡sica de un programa en Python, la funciÃ³n `print()` para mostrar mensajes en la consola y la forma de ejecutar el programa desde la lÃnea de comandos.

1.6 ConclusiÃ³n:
En este capÃtulo introductorio, hemos explorado quÃ© es Python, sus caracterÃsticas principales y su posiciÃ³n como uno de los lenguajes de programaciÃ³n mÃ¡s poderosos y populares en la actualidad. TambiÃ©n hemos discutido algunas de las aplicaciones mÃ¡s comunes de Python en diversos campos. A medida que avancemos en el libro, profundizaremos en cada uno de los aspectos mencionados aquÃ, ampliando tus conocimientos y habilidades en Python.

CapÃtulo 2: Los fundamentos de Python: Variables, tipos de datos y operadores

En este capÃtulo, nos adentraremos en los fundamentos de Python, que son la base para desarrollar programas en este lenguaje. Exploraremos los conceptos de variables, tipos de datos y operadores, que son elementos esenciales en cualquier programa en Python.

2.1 Variables en Python:
Una variable en Python es un contenedor que almacena un valor. A diferencia de otros lenguajes de programaciÃ³n, en Python no es necesario declarar el tipo de variable antes de utilizarla, ya que Python es un lenguaje de tipado dinÃ¡mico. Esto significa que el tipo de dato de una variable se determina automÃ¡ticamente en tiempo de ejecuciÃ³n segÃºn el valor asignado.

Para asignar un valor a una variable en Python, se utiliza el sÃmbolo de igual (=). Por ejemplo:
```
mensaje = "Hola, mundo!"
numero = 42
```
En este caso, la variable `mensaje` almacena una cadena de texto, mientras que la variable `numero` almacena un entero.

2.2 Tipos de datos en Python:
Python cuenta con diversos tipos de datos incorporados, los cuales pueden clasificarse en las siguientes categorÃas principales:

2.2.1 NÃºmeros:
Python admite diferentes tipos de nÃºmeros, incluyendo enteros (int), nÃºmeros de punto flotante (float) y nÃºmeros complejos (complex). Estos tipos de datos se utilizan para realizar cÃ¡lculos matemÃ¡ticos y operaciones numÃ©ricas en un programa.

2.2.2 Cadenas de texto:
Las cadenas de texto (str) son secuencias de caracteres que representan texto en Python. Se pueden crear utilizando comillas

simples (''), comillas dobles ("") o triple comillas ('''''). Las cadenas de texto admiten numerosas operaciones y métodos para manipular y trabajar con texto.

2.2.3 Listas:

Las listas (list) son secuencias ordenadas de elementos separados por comas y encerrados entre corchetes ([]). Pueden contener elementos de diferentes tipos y permiten la modificación de sus elementos. Las listas son estructuras de datos versátiles y se utilizan ampliamente en Python.

2.2.4 Tuplas:

Las tuplas (tuple) son similares a las listas, pero a diferencia de estas, son inmutables, lo que significa que no se pueden modificar una vez creadas. Se definen utilizando paréntesis (()).

Capítulo 3: Control de flujo: Condicionales y bucles para tomar el control de tus programas

En este capítulo, exploraremos una parte fundamental de la programación en Python: el control de flujo. El control de flujo nos permite tomar decisiones y repetir acciones en función de ciertas condiciones. Para lograr esto, utilizaremos estructuras de control como condicionales y bucles.

3.1 Condicionales en Python:

Los condicionales nos permiten ejecutar diferentes bloques de código según una condición especificada. En Python, se utiliza la estructura `if-elif-else` para implementar condicionales. Veamos un ejemplo:

```python
edad = 18
if edad < 18:
    print("Eres menor de edad.")
elif edad == 18:
    print("Tienes 18 años.")
else:
    print("Eres mayor de edad.")
```

En este ejemplo, la variable `edad` tiene asignado el valor 18. La condición `edad < 18` se evalúa como `False`, por lo que se pasa a la siguiente condición `edad == 18`, que se evalúa como `True` y se ejecuta el bloque de código correspondiente. Si ninguna de las condiciones anteriores se cumple, se ejecuta el bloque de código del `else`.

3.2 Operadores de comparación:

En los condicionales, utilizamos operadores de comparación para evaluar las condiciones. Algunos operadores de comparación comunes en Python son:

- `==`: Comprueba si dos valores son iguales.

- `!=`: Comprueba si dos valores son diferentes.
- `<`: Comprueba si el valor de la izquierda es menor que el valor de la derecha.
- `>`: Comprueba si el valor de la izquierda es mayor que el valor de la derecha.
- `<=`: Comprueba si el valor de la izquierda es menor o igual al valor de la derecha.
- `>=`: Comprueba si el valor de la izquierda es mayor o igual al valor de la derecha.

Estos operadores se utilizan dentro de las condiciones de los condicionales para evaluar las expresiones y tomar decisiones basadas en los resultados.

3.3 Bucles en Python:
Los bucles nos permiten repetir bloques de código varias veces. En Python, existen dos tipos principales de bucles: el bucle `for` y el bucle `while`.

3.3.1 Bucle `for`:
El bucle `for` se utiliza cuando se conoce la cantidad exacta de veces que se desea repetir un bloque de código. Se utiliza principalmente para iterar sobre una secuencia de elementos, como una lista o una cadena de texto. Veamos un ejemplo:

```python
frutas = ["manzana", "banana", "cereza"]
for fruta in frutas:
    print(fruta)
```

En este ejemplo, el bucle `for` recorre cada elemento de la lista `frutas` y en cada iteración asigna el valor actual a la variable `fruta`. Luego, se ejecuta el bloque de código dentro del bucle, que en este caso simplemente imprime el valor de `fruta`.

3.3.2 Bucle `while`:
El bucle `while` se utiliza cuando no se conoce de antemano la cantidad exacta de veces que se repetirá un bloque de código. Se ejecuta siempre que se cumpla una condición especificada. Veamos un ejemplo:

```python
contador =

 0
while contador < 5:
    print("El contador es:", contador)
    contador += 1
```

En este ejemplo, el bucle `while` se ejecutará mientras la condición `contador < 5` sea `True`. En cada iteración, se

imprimirá el valor del contador y luego se incrementará en 1. El
bucle se repetirá hasta que la condición sea `False`.

3.4 Instrucciones `break` y `continue`:
Dentro de los bucles, podemos utilizar las instrucciones `break` y
`continue` para controlar el flujo de ejecución.

- La instrucción `break` se utiliza para salir inmediatamente del
  bucle, sin completar el resto de las iteraciones.
- La instrucción `continue` se utiliza para saltar el resto del
  bloque de código actual y pasar a la siguiente iteración.

Estas instrucciones son útiles cuando queremos interrumpir la
ejecución de un bucle en ciertas condiciones o saltar ciertas
iteraciones sin detener por completo el bucle.

3.5 Ejemplos prácticos:
Para consolidar el conocimiento sobre condicionales y bucles,
podemos aplicarlos en ejemplos prácticos, como la búsqueda de
elementos en una lista, el cálculo de sumas o la validación de
entradas del usuario. Estos ejemplos nos ayudarán a comprender
cómo combinar condicionales y bucles para resolver problemas más
complejos.

3.6 Conclusión:
En este capítulo, hemos explorado el control de flujo en Python
mediante el uso de condicionales y bucles. Hemos aprendido a
utilizar estructuras `if-elif-else` para tomar decisiones basadas en
condiciones, así como los operadores de comparación asociados.
También hemos visto cómo implementar bucles `for` y `while` para
repetir bloques de código y controlar la ejecución mediante las
instrucciones `break` y `continue`. Estos conceptos son
fundamentales para el desarrollo de programas más complejos, y nos
permiten tener un mayor control y flexibilidad en nuestros programas
en Python.

Capítulo 4: Estructuras de datos: Listas, tuplas, conjuntos y
diccionarios para organizar y manipular información

En este capítulo, exploraremos las diferentes estructuras de datos
disponibles en Python para organizar y manipular información de
manera eficiente. Las estructuras de datos son herramientas
fundamentales en la programación, ya que nos permiten almacenar y
gestionar grandes cantidades de datos de manera estructurada y
accesible.

4.1 Listas en Python:
Una lista es una estructura de datos mutable y ordenada que permite
almacenar una colección de elementos. En Python, las listas se
definen utilizando corchetes ([]), y los elementos se separan por
comas. Veamos un ejemplo:

```python
frutas = ["manzana", "banana", "cereza"]
```

```

```

En este ejemplo, la lista `frutas` contiene tres elementos:
"manzana", "banana" y "cereza". Podemos acceder a los elementos de
una lista utilizando índices, donde el primer elemento tiene
índice 0, el segundo índice 1, y así sucesivamente. Por ejemplo,
`frutas[0]` nos dará "manzana".

Las listas en Python son estructuras de datos versátiles, ya que
permiten modificar sus elementos, agregar nuevos elementos al final,
eliminar elementos y realizar muchas otras operaciones útiles.

4.2 Tuplas en Python:
A diferencia de las listas, las tuplas son estructuras de datos
inmutables, lo que significa que una vez creadas, no se pueden
modificar. Las tuplas se definen utilizando paréntesis (()), y los
elementos se separan por comas. Veamos un ejemplo:

```python
coordenadas = (3, 5)
```

En este ejemplo, la tupla `coordenadas` contiene dos elementos: 3 y
5. Aunque no podemos modificar directamente los elementos de una
tupla, podemos acceder a ellos utilizando índices, al igual que con
las listas. Las tuplas son útiles cuando deseamos almacenar un
conjunto de valores que no deben cambiar, como coordenadas, fechas o
información constante.

4.3 Conjuntos en Python:
Un conjunto es una estructura de datos desordenada que no permite
elementos duplicados. Los conjuntos se definen utilizando llaves
({}), o la función `set()`. Veamos un ejemplo:

```python
numeros = {1, 2, 3, 4, 5}
```

En este ejemplo, el conjunto `numeros` contiene cinco elementos
distintos. Los conjuntos en Python tienen propiedades útiles, como
la eliminación automática de duplicados y la capacidad de realizar
operaciones de conjunto, como la unión, intersección y diferencia
entre conjuntos.

4.4 Diccionarios en Python:
Un diccionario es una estructura de datos que permite almacenar
pares clave-valor. Cada elemento en un diccionario está compuesto
por una clave y su respectivo valor, y se accede a los valores
utilizando las claves. Los diccionarios se definen utilizando llaves
({}), y los pares clave-valor se separan por comas. Veamos un
ejemplo:

```python
persona = {"nombre": "Juan", "edad": 30, "profesion": "ingeniero"}
```

```

En este ejemplo, el diccionario `persona` contiene información
sobre una persona, como su nombre, edad y profesión. Podemos
acceder a los valores utilizando las claves correspondientes,

 por ejemplo, `persona["nombre"]` nos dará "Juan".

Los diccionarios son muy útiles cuando necesitamos almacenar y
recuperar información de manera eficiente utilizando claves
personalizadas en lugar de índices numéricos.

4.5 Operaciones comunes en estructuras de datos:
Además de las operaciones básicas de acceso y modificación de
elementos, las estructuras de datos en Python admiten muchas otras
operaciones útiles.

-   Para agregar elementos a una lista, podemos utilizar el método
    `append()` o el operador `+`. Por ejemplo,
    `frutas.append("naranja")` agregará "naranja" al final de la
    lista.
-   Para agregar elementos a un conjunto, podemos utilizar el método
    `add()`. Por ejemplo, `numeros.add(6)` agregará el número 6 al
    conjunto.
-   Para agregar elementos a un diccionario, podemos asignar un nuevo
    par clave-valor utilizando el operador de asignación (`=`). Por
    ejemplo, `persona["ciudad"] = "Madrid"` agregará la clave
    "ciudad" con el valor "Madrid" al diccionario.

-   Para eliminar elementos de una lista, podemos utilizar el método
    `remove()` o la declaración `del`. Por ejemplo,
    `frutas.remove("banana")` eliminará "banana" de la lista.
-   Para eliminar elementos de un conjunto, podemos utilizar el
    método `remove()` o `discard()`. Por ejemplo,
    `numeros.remove(1)` eliminará el número 1 del conjunto.
-   Para eliminar elementos de un diccionario, podemos utilizar la
    declaración `del` especificando la clave a eliminar. Por
    ejemplo, `del persona["profesion"]` eliminará la clave
    "profesion" y su valor del diccionario.

Estas son solo algunas de las operaciones comunes que podemos
realizar en las diferentes estructuras de datos en Python. Cada
estructura de datos tiene sus propias características y métodos
específicos que nos permiten organizar y manipular la información
de maneras más eficientes y adecuadas para cada situación.

4.6 Elección de la estructura de datos adecuada:
La elección de la estructura de datos adecuada es crucial para un
buen diseño de programas. Dependiendo de las necesidades
específicas de cada problema, podemos seleccionar la estructura de
datos que mejor se adapte a los requisitos de almacenamiento y
manipulación de la información.
```

Las listas son útiles cuando necesitamos almacenar una colección de elementos en un orden específico y queremos poder modificarlos. Las tuplas son apropiadas cuando deseamos garantizar que los elementos no cambien una vez definidos.

Los conjuntos son ideales cuando necesitamos eliminar duplicados y realizar operaciones de conjunto, como la intersección o la diferencia. Los diccionarios son la elección adecuada cuando necesitamos almacenar y recuperar información basada en claves personalizadas.

4.7 Ejemplos prácticos:
Para afianzar el conocimiento sobre las estructuras de datos, podemos aplicarlas en ejemplos prácticos, como la gestión de una lista de tareas, el almacenamiento de datos de un juego o la organización de información de estudiantes en una clase. Estos ejemplos nos ayudarán a comprender cómo utilizar las estructuras de datos de manera efectiva y aprovechar sus funcionalidades.

4.8 Conclusión:
En este capítulo, hemos explorado las diferentes estructuras de datos en Python y cómo utilizarlas para organizar y manipular información. Hemos aprendido sobre las listas, tup

las, conjuntos y diccionarios, y sus características específicas. Cada estructura de datos tiene sus ventajas y desventajas, y es importante seleccionar la adecuada según las necesidades del programa.

Las estructuras de datos nos permiten trabajar de manera eficiente con grandes cantidades de información, facilitando la manipulación, búsqueda y organización de datos. Al dominar estas estructuras, estaremos mejor equipados para desarrollar programas más complejos y eficientes en Python.

Capítulo 5: Funciones: Crea bloques de código reutilizables y mejora la modularidad de tus programas

En este capítulo, exploraremos el concepto de funciones en Python, una poderosa herramienta que nos permite crear bloques de código reutilizables y mejorar la modularidad de nuestros programas. Las funciones nos permiten encapsular una serie de instrucciones en un solo lugar y ejecutarlas en cualquier momento que las necesitemos.

5.1 ¿Qué es una función en Python?
Una función en Python es un bloque de código que realiza una tarea específica. Una vez definida, puede ser llamada o invocada desde cualquier parte del programa. Las funciones nos ayudan a evitar la repetición de código y a dividir un programa en partes más pequeñas y manejables, lo que mejora la legibilidad, el mantenimiento y la reutilización del código.

En Python, una función se define utilizando la palabra clave `def`, seguida del nombre de la función y paréntesis que pueden contener parámetros de entrada. Veamos un ejemplo básico de una función que imprime un saludo:

```python
def saludar():
    print("Hola, ¡bienvenido!")
```

En este ejemplo, hemos definido una función llamada `saludar()` que simplemente imprime el mensaje "Hola, ¡bienvenido!". Ahora podemos llamar a esta función en cualquier parte del programa simplemente escribiendo `saludar()`.

5.2 Parámetros de una función:
Las funciones pueden aceptar parámetros, que son valores que se pasan a la función para que los utilice en su procesamiento. Los parámetros permiten que las funciones sean más flexibles y puedan trabajar con diferentes valores en cada invocación.

Podemos definir parámetros en una función al momento de su declaración, dentro de los paréntesis. Veamos un ejemplo:

```python
def saludar(nombre):
    print("Hola,", nombre + "!")
```

En este ejemplo, la función `saludar()` acepta un parámetro llamado `nombre`. Cuando llamamos a la función y le pasamos un valor, ese valor se asigna al parámetro `nombre` dentro de la función. Por ejemplo, si llamamos a `saludar("Juan")`, se imprimirá "Hola, Juan!".

5.3 Valor de retorno de una función:
Además de ejecutar una serie de instrucciones, las funciones también pueden devolver un valor de salida o resultado. Esto nos permite utilizar el resultado de una función en otras partes del programa.

Para especificar el valor de retorno de una función, utilizamos la palabra clave `return`, seguida del valor que deseamos devolver. Veamos un ejemplo:

```python
def sumar(a, b):
    resultado = a + b
    return resultado
```

En este ejemplo, hemos definido una función llamada `sumar()` que acepta dos parámetros, `a` y `b`. Dentro de la función, realizamos la suma de los dos valores y asignamos el resultado a la variable `resultado`. Luego, utilizamos `return resultado` para devolver el valor de la suma.

Cuando llamamos a esta función, podemos capturar el valor de
retorno y utilizarlo en otras operaciones. Por ejemplo, si
escribimos `resultado = sumar(3, 5)`, la variable `resultado`
tomará el valor 8.

5.4 Ámbito de las variables:
Es importante comprender el concepto de ámbito de las variables

 al trabajar con funciones. El ámbito se refiere a la visibilidad y
 accesibilidad de las variables en diferentes partes del programa.

En Python, existen dos tipos principales de variables en relación
con el ámbito: variables locales y variables globales.

-   Las variables locales se definen dentro de una función y solo
    son accesibles dentro de esa función. No pueden ser utilizadas
    fuera de la función.
-   Las variables globales se definen fuera de cualquier función y
    pueden ser accedidas desde cualquier parte del programa.

Es una buena práctica limitar el uso de variables globales y
utilizar principalmente variables locales dentro de las funciones.
Esto evita la confusión y ayuda a mantener el código más ordenado
y modular.

5.5 Funciones con argumentos opcionales:
En Python, es posible definir funciones con argumentos opcionales,
también conocidos como argumentos con valores predeterminados.
Estos son parámetros que pueden tener un valor asignado por
defecto, pero que también pueden ser modificados si se desea.

Para definir un argumento opcional, se asigna un valor
predeterminado al parámetro correspondiente en la declaración de
la función. Veamos un ejemplo:

```python
def saludar(nombre, saludo="Hola"):
    print(saludo + ",", nombre + "!")
```

En este ejemplo, la función `saludar()` tiene un parámetro
`nombre` que es obligatorio, y un parámetro `saludo` que es
opcional y tiene el valor predeterminado "Hola". Si llamamos a la
función sin proporcionar un valor para `saludo`, se utilizará el
valor predeterminado. Por ejemplo, `saludar("Juan")` imprimirá
"Hola, Juan!", mientras que `saludar("Ana", "¡Buenos días")`
imprimirá "¡Buenos días, Ana!".

Los argumentos opcionales son útiles cuando deseamos proporcionar
un valor por defecto para un parámetro, pero aún así permitir que
el usuario lo modifique si es necesario.

5.6 Recursividad:

En Python, una funciÃ³n puede llamarse a sÃ misma. Esta tÃ©cnica se conoce como recursividad y nos permite resolver problemas de manera elegante y eficiente.

La recursividad se basa en la idea de dividir un problema en subproblemas mÃ¡s pequeÃ±os y resolverlos de forma similar. Cada llamada recursiva se acerca a una soluciÃ³n base, que es el caso en el que no se necesita realizar mÃ¡s llamadas recursivas.

Veamos un ejemplo de una funciÃ³n recursiva para calcular el factorial de un nÃºmero:

```python
def factorial(n):
    if n == 0:
        return 1
    else:
        return n * factorial(n - 1)
```

En este ejemplo, la funciÃ³n `factorial()` calcula el factorial de un nÃºmero `n`. Si `n` es igual a 0, la funciÃ³n devuelve 1, que es la condiciÃ³n de salida o caso base. De lo contrario, la funciÃ³n realiza una llamada recursiva multiplicando `n` por el factorial del nÃºmero `n-1`.

Es importante tener en cuenta que al utilizar la recursividad, debemos asegurarnos de tener una condiciÃ³n de salida que evite la recursiÃ³n infinita y un caso base que permita finalizar las llamadas recursivas.

5.7 DocumentaciÃ³n de funciones:
Una buena prÃ¡ctica al escribir funciones es proporcionar una documentaciÃ³n clara y concisa que explique su propÃ³sito, los parÃ¡metros que acepta y el valor de retorno que devuelve. Esto facilita la comprensiÃ³n del cÃ³digo y

su uso por parte de otros desarrolladores.

En Python, se utiliza una convenciÃ³n llamada "docstring" para documentar funciones. Un docstring es una cadena de texto que se coloca al comienzo de la funciÃ³n, entre triple comillas, y se puede acceder utilizando el atributo especial `__doc__` de la funciÃ³n.

Veamos un ejemplo de una funciÃ³n con un docstring:

```python
def saludar(nombre):
    """
    Esta funciÃ³n imprime un saludo personalizado.

    ParÃ¡metros:
    - nombre: El nombre de la persona a saludar.
    """
```

```
    print("Hola,", nombre + "!")
```

En este ejemplo, el docstring proporciona información sobre el
propósito de la función y los parámetros que acepta. Al acceder
al atributo `__doc__` de la función, podemos ver la documentación
asociada.

5.8 Beneficios de utilizar funciones:
Las funciones ofrecen varios beneficios al desarrollar programas en
Python:

- Reutilización de código: Al encapsular una serie de
  instrucciones en una función, podemos reutilizar ese bloque de
  código en diferentes partes del programa sin tener que volver a
  escribirlo.
- Modularidad: Las funciones nos permiten dividir un programa en
  partes más pequeñas y manejables. Esto facilita la
  comprensión, el mantenimiento y la depuración del código.
- Legibilidad: Utilizar funciones con nombres descriptivos mejora
  la legibilidad del código. Las funciones proporcionan un nivel
  de abstracción que facilita la comprensión de lo que hace el
  código sin entrar en los detalles de su implementación.
- Depuración más sencilla: Al dividir el programa en funciones
  más pequeñas, es más fácil identificar y corregir errores en
  el código. Podemos centrarnos en una función específica sin
  tener que revisar todo el programa.
- Mejora la colaboración: Utilizar funciones permite a los
  desarrolladores trabajar en diferentes partes del programa de
  manera independiente. Cada función se puede desarrollar y probar
  por separado antes de integrarlas en el programa principal.

En resumen, las funciones son una herramienta poderosa en Python que
nos permite crear bloques de código reutilizables y mejorar la
modularidad de nuestros programas. Nos permiten dividir un programa
en partes más pequeñas y manejables, lo que facilita su
comprensión, mantenimiento y reutilización. Además, las funciones
mejoran la legibilidad del código, simplifican la depuración y
fomentan la colaboración en el desarrollo de software.

Capítulo 6: Módulos y paquetes: Utiliza la biblioteca estándar y
expande las capacidades de Python

En este capítulo, exploraremos los conceptos de módulos y paquetes
en Python, y cómo utilizar la biblioteca estándar para expandir
las capacidades de Python. La biblioteca estándar de Python es un
conjunto de módulos y paquetes predefinidos que vienen incluidos
con la instalación de Python, y nos proporciona una amplia gama de
funcionalidades listas para ser utilizadas.

6.1 ¿Qué es un módulo en Python?
Un módulo en Python es un archivo que contiene definiciones y
declaraciones de funciones, variables y clases que pueden ser

utilizadas en otros programas. Los módulos nos permiten organizar y reutilizar el código de manera eficiente. Cada archivo de Python puede ser considerado un módulo, y puede ser importado en otros programas para utilizar sus funciones y variables.

Python proporciona una amplia variedad de módulos en su biblioteca estándar, que cubren diferentes áreas, como matemáticas, manejo de archivos, redes, bases de datos, entre otras. Estos módulos están disponibles para su uso inmediato sin necesidad de instalar nada adicional.

6.2 Importación de módulos
Para utilizar un módulo en Python, primero debemos importarlo en nuestro programa. Hay varias formas de importar un módulo:

- Importar todo el módulo: Podemos importar todo el contenido de un módulo utilizando la palabra clave `import`, seguida del nombre del módulo. Por ejemplo, para importar el módulo `math`, podemos escribir `import math`. Luego, podemos acceder a las funciones y variables del módulo utilizando la sintaxis `nombre_del_modulo.nombre_de_la_funcion()`. Por ejemplo, para utilizar la función `sqrt()` del módulo `math`, escribimos `math.sqrt(25)`.

- Importar un elemento específico del módulo: Si solo necesitamos utilizar una función o variable específica de un módulo, podemos importarla directamente utilizando la palabra clave `from`, seguida del nombre del módulo y la palabra clave `import`, seguida del nombre de la función o variable. Por ejemplo, si solo necesitamos la función `sqrt()` del módulo `math`, podemos escribir `from math import sqrt`. Luego, podemos utilizar la función directamente como `sqrt(25)`.

- Importar todo el contenido del módulo con un alias: Si el nombre del módulo es largo o queremos utilizar un nombre más corto o descriptivo, podemos asignarle un alias utilizando la palabra clave `as`. Por ejemplo, podemos importar el módulo `math` con el alias `m` escribiendo `import math as m`. Luego, podemos utilizar las funciones y variables del módulo utilizando el alias, como `m.sqrt(25)`.

6.3 Creación de nuestros propios módulos
Además de utilizar los módulos de la biblioteca estándar, también podemos crear nuestros propios módulos en Python. Para crear un módulo, simplemente creamos un archivo con extensión `.py` que contenga las definiciones y declaraciones de funciones, variables o clases que deseamos incluir.

Por ejemplo, supongamos que queremos crear un módulo llamado `operaciones` que contenga varias funciones matemáticas.

Creamos un archivo llamado `operaciones.py` y dentro de él escribimos las definiciones de las funciones. Por ejemplo:

```python
# operaciones.py
def suma(a, b):
    return a + b

def resta(a, b):
    return a - b

def multiplicacion(a, b):
    return a * b
```

Una vez que hemos creado nuestro módulo, podemos importarlo en otros programas y utilizar sus funciones. Por ejemplo, si tenemos un programa llamado `main.py`, podemos importar el módulo `operaciones` y utilizar las funciones de la siguiente manera:

```python
from operaciones import suma, resta

resultado_suma = suma(5, 3)
resultado_resta = resta(10, 4)

print(resultado_suma)    # Imprime 8
print(resultado_resta)   # Imprime 6
```

Al utilizar nuestros propios módulos, podemos organizar y reutilizar el código de manera eficiente, lo que mejora la legibilidad y mantenimiento de nuestros programas.

6.4 Paquetes en Python
Un paquete en Python es una forma de organizar módulos relacionados en una estructura de directorios. Un paquete es básicamente un directorio que contiene uno o más archivos de módulo, y también puede contener subpaquetes.

La estructura de un paquete es similar a la estructura de directorios en un sistema de archivos. Por ejemplo, supongamos que queremos crear un paquete llamado `mis_utilidades` que contiene dos módulos: `operaciones` y `validaciones`. La estructura de directorios y archivos sería la siguiente:

```
mis_utilidades/
    __init__.py
    operaciones.py
    validaciones.py
```

El archivo `__init__.py` es un archivo especial que indica que el directorio es un paquete. Puede estar vacío o contener código de inicialización del paquete.

Para utilizar un paquete en Python, podemos importarlo de manera similar a un módulo. Por ejemplo, si queremos importar el paquete `mis_utilidades` y utilizar la función `suma()` del módulo `operaciones`, escribimos:

```python
from mis_utilidades.operaciones import suma

resultado = suma(5, 3)
print(resultado)  # Imprime 8
```

De esta manera, los paquetes nos permiten organizar nuestros módulos de manera jerárquica y mantener un código más estructurado y modular.

6.5 La biblioteca estándar de Python
La biblioteca estándar de Python es una colección de módulos y paquetes que vienen incluidos con la instalación de Python. Proporciona una amplia variedad de funcionalidades listas para ser utilizadas en nuestros programas.

La biblioteca estándar abarca diferentes áreas, como matemáticas, cadenas de texto, manejo de archivos, redes, bases de datos, procesamiento de datos, entre otras. Algunos ejemplos de módulos y paquetes de la biblioteca estándar incluyen:

- `math`: Proporciona funciones matemáticas avanzadas, como operaciones trigonométricas, exponenciales, logarítmicas, etc.
- `os`: Permite interactuar con el sistema operativo, como acceder a rutas de archivos, crear y eliminar directorios, etc.
- `datetime`: Proporciona clases para trabajar con fechas y horas.
- `json`: Permite

  leer y escribir datos en formato JSON.
- `socket`: Proporciona funcionalidades para la comunicación en red, como crear sockets, enviar y recibir datos a través de TCP/IP, etc.
- `sqlite3`: Proporciona una interfaz para trabajar con bases de datos SQLite.

Estos son solo algunos ejemplos de los muchos módulos y paquetes disponibles en la biblioteca estándar de Python. Al utilizar la biblioteca estándar, podemos ampliar las capacidades de Python y aprovechar las funcionalidades predefinidas sin tener que instalar bibliotecas adicionales.

En resumen, en este capítulo hemos explorado los conceptos de módulos y paquetes en Python, y cómo utilizar la biblioteca estándar para expandir las capacidades de Python. Los módulos nos permiten organizar y reutilizar el código de manera eficiente, mientras que los paquetes nos permiten estructurar nuestros módulos de manera jerárquica. La biblioteca estándar de Python proporciona una amplia gama de funcionalidades predefinidas que abarcan diferentes áreas, lo que nos permite aprovechar su potencial y agilizar el desarrollo de nuestros programas.

Capítulo 7: Manipulación de archivos: Lee y escribe datos en archivos para interactuar con el sistema de archivos

En este capítulo, exploraremos cómo manipular archivos en Python, lo que nos permitirá leer y escribir datos en el sistema de archivos. La manipulación de archivos es una tarea común en la programación, ya que nos permite interactuar con la persistencia de datos y realizar operaciones como leer información de archivos existentes, crear nuevos archivos, modificar su contenido y mucho más.

7.1 Abrir y cerrar archivos en Python
Antes de poder manipular un archivo, debemos abrirlo. En Python, utilizamos la función `open()` para abrir un archivo y obtener un objeto de archivo que podemos utilizar para realizar operaciones en él.

La función `open()` acepta dos argumentos principales: el nombre del archivo y el modo de apertura. El modo de apertura especifica la forma en que se accederá al archivo, ya sea para lectura, escritura o ambas. Algunos modos de apertura comunes son:

- `'r'`: Apertura en modo lectura. El archivo debe existir previamente.
- `'w'`: Apertura en modo escritura. Si el archivo no existe, se creará. Si ya existe, se sobrescribirá.
- `'a'`: Apertura en modo anexar. Si el archivo no existe, se creará. Si ya existe, se agregará contenido al final.
- `'x'`: Apertura en modo exclusivo. Crea un nuevo archivo, pero genera un error si el archivo ya existe.
- `'b'`: Apertura en modo binario. Se utiliza para leer o escribir archivos binarios, como imágenes o archivos comprimidos.
- `'t'`: Apertura en modo texto. Es el modo de apertura predeterminado y se utiliza para leer o escribir archivos de texto.

Una vez que hemos terminado de trabajar con un archivo, debemos cerrarlo utilizando el método `close()` del objeto de archivo. Esto asegura que todos los cambios realizados en el archivo se guarden correctamente y que se liberen los recursos asociados al archivo.

Aunque es importante cerrar los archivos correctamente, Python proporciona una forma más conveniente de trabajar con archivos utilizando el bloque `with`. Este bloque nos permite abrir y cerrar automáticamente un archivo, asegurando que se realice la operación de cierre incluso si ocurre una excepción durante la ejecución del bloque. A continuación se muestra un ejemplo:

```python
with open('archivo.txt', 'r') as archivo:
    # Realizar operaciones en el archivo
```

```
    contenido = archivo.read()
    print(contenido)
# El archivo se cierra automáticamente al salir del bloque `with`
```

7.2 Lectura de archivos
Una vez que hemos abierto un archivo en modo de lectura, podemos
leer su contenido utilizando varios métodos proporcionados por el
objeto de archivo. Algunos de los métodos más comunes son:

- `read()`: Lee todo el contenido del archivo y lo devuelve como
  una cadena de texto.
- `readline()`: Lee una línea del archivo y la devuelve como una
  cadena de texto. Cada llamada subsiguiente a este método leerá
  la siguiente línea del archivo.
- `readlines()`: Lee todas las líneas del archivo y las devuelve
  como una lista de cadenas de texto.

Veamos un ejemplo de cómo leer un archivo línea por línea:

```python
with open('archivo.txt', 'r') as archivo:
    for linea in archivo:
        print(linea)
```

En este ejemplo,

 utilizamos un ciclo `for` para iterar sobre el objeto de archivo,
 lo que nos permite recorrer el archivo línea por línea e imprimir
 cada línea.

7.3 Escritura en archivos
Si deseamos escribir datos en un archivo, debemos abrirlo en modo de
escritura o anexar. En modo de escritura, si el archivo ya existe,
se sobrescribirá con el nuevo contenido. En modo de anexar, el
contenido se agregará al final del archivo.

Para escribir datos en un archivo, utilizamos el método `write()`
del objeto de archivo. Este método acepta una cadena de texto como
argumento y escribe esa cadena en el archivo. También podemos
utilizar el método `writelines()` para escribir varias líneas a la
vez.

Veamos un ejemplo de cómo escribir en un archivo:

```python
with open('archivo.txt', 'w') as archivo:
    archivo.write('Hola, mundo!\n')
    archivo.write('Este es un ejemplo de escritura en archivo.\n')
```

En este ejemplo, abrimos el archivo en modo de escritura y
utilizamos el método `write()` para escribir dos líneas de texto

en el archivo. La secuencia de escape `\n` se utiliza para indicar un salto de línea.

Si queremos agregar contenido al final de un archivo existente, podemos abrirlo en modo de anexar (`'a'`) y utilizar el método `write()` de la misma manera.

7.4 Operaciones adicionales en archivos
Además de leer y escribir datos, Python nos ofrece una variedad de operaciones adicionales que podemos realizar en archivos.

Por ejemplo, podemos utilizar el método `seek()` para mover el indicador de posición dentro del archivo. Esto nos permite leer o escribir en una ubicación específica del archivo. El método `tell()` nos devuelve la posición actual del indicador.

También podemos utilizar los métodos `exists()` y `isfile()` del módulo `os.path` para verificar si un archivo existe y si es un archivo regular, respectivamente. Estas funciones son útiles para realizar comprobaciones antes de abrir o manipular un archivo.

Además, Python nos proporciona la funcionalidad de lectura y escritura de archivos CSV (valores separados por comas) a través del módulo `csv`. Esto nos permite trabajar con datos estructurados en formato CSV de manera conveniente.

7.5 Manejo de errores al manipular archivos
Al manipular archivos, es importante tener en cuenta posibles errores que pueden ocurrir, como archivos que no existen, problemas de permisos de archivo, etc. Para manejar estos errores, podemos utilizar bloques `try-except` para capturar excepciones y tomar medidas apropiadas.

Por ejemplo, si intentamos abrir un archivo que no existe en modo de lectura, se generará una excepción de tipo `FileNotFoundError`. Podemos capturar esta excepción y mostrar un mensaje de error adecuado al usuario.

```python
try:
    with open('archivo_no_existente.txt', 'r') as archivo:
        contenido = archivo.read()
        print(contenido)
except FileNotFoundError:
    print('El archivo no existe. Verifique el nombre o la ubicación
    del archivo.')
```

En este ejemplo, intentamos abrir un archivo que no existe y capturamos la excepción `FileNotFoundError`. En el bloque `except`, mostramos un mensaje de error apropiado.

En resumen, en este capítulo hemos explorado la manipulación de archivos en Python. Hemos aprendido cómo abrir y cerrar archivos, leer y escribir

datos en ellos, así como realizar operaciones adicionales como mover el indicador de posición y verificar la existencia de un archivo. También hemos visto cómo manejar errores al trabajar con archivos utilizando bloques `try-except`. La manipulación de archivos es una parte esencial de la programación, ya que nos permite interactuar con el sistema de archivos y realizar tareas de persistencia de datos. Con este conocimiento, estás preparado para aprovechar al máximo la manipulación de archivos en tus programas Python.

Capítulo 8: Excepciones: Maneja errores y excepciones de manera elegante y robusta

En la programación, los errores y excepciones son situaciones inesperadas que pueden ocurrir durante la ejecución de un programa. Estos errores pueden deberse a diversos factores, como datos incorrectos, problemas de conexión, fallos de hardware, entre otros. Es fundamental que los programas puedan manejar estos errores de manera elegante y robusta para evitar fallas y garantizar un comportamiento adecuado.

En este capítulo, exploraremos el manejo de excepciones en Python. Las excepciones son eventos que ocurren durante la ejecución de un programa y que interrumpen el flujo normal de ejecución. Python proporciona una forma estructurada de manejar las excepciones, lo que nos permite capturar y manejar los errores de manera controlada.

8.1 El bloque try-except
El bloque `try-except` es la forma principal de manejar excepciones en Python. Dentro del bloque `try`, se coloca el código que podría generar una excepción. Si ocurre una excepción dentro del bloque `try`, el flujo de ejecución se desvía al bloque `except`, donde se especifica cómo manejar esa excepción en particular.

La sintaxis básica del bloque `try-except` es la siguiente:

```python
try:
    # Código que podría generar una excepción
    ...
except TipoDeExcepcion:
    # Código para manejar la excepción
    ...
```

Dentro del bloque `except`, se especifica el tipo de excepción que queremos capturar. Por ejemplo, si queremos capturar una excepción de división por cero (`ZeroDivisionError`), escribimos:

```python
```

```python
try:
    # Código que podría generar una excepción
    ...
except ZeroDivisionError:
    # Código para manejar la excepción de división por cero
    ...
```

También podemos capturar múltiples tipos de excepciones utilizando una tupla dentro del bloque `except`. Por ejemplo:

```python
try:
    # Código que podría generar una excepción
    ...
except (ZeroDivisionError, ValueError):
    # Código para manejar las excepciones de división por cero y
    valores incorrectos
    ...
```

Además, también podemos capturar cualquier tipo de excepción utilizando un bloque `except` sin especificar un tipo de excepción:

```python
try:
    # Código que podría generar una excepción
    ...
except:
    # Código para manejar cualquier tipo de excepción
    ...
```

Sin embargo, se recomienda especificar el tipo de excepción que se espera capturar para evitar capturar excepciones no deseadas o desconocidas.

8.2 La cláusula else
Además del bloque `try-except`, Python proporciona una cláusula `else` opcional que se puede utilizar después de un bloque `try-except`. El código dentro de la cláusula `else` se ejecuta solo si no se produce ninguna excepción dentro del bloque `try`. Esto es útil para realizar acciones que deben ocurrir solo si no se producen errores.

```python
try:
    # Código que podría generar una excepción
    ...
except TipoDeExcepcion:
    # Código para manejar la excepción
    ...
else:
    # Código para ejecutar si no se produjo ninguna excepción
```

```
```
...
```

Por ejemplo, si queremos abrir un archivo en modo de lectura

y realizar alguna operación con su contenido, podemos utilizar un
bloque `try-except` junto con la cláusula `else` para manejar
posibles excepciones y realizar acciones adicionales si la apertura
del archivo tiene éxito.

```python
try:
    with open('archivo.txt', 'r') as archivo:
        contenido = archivo.read()
        # Realizar operaciones con el contenido del archivo
except FileNotFoundError:
    print('El archivo no existe.')
else:
    print('El archivo se abrió correctamente.')
    # Realizar acciones adicionales
```

En este ejemplo, si el archivo no existe, se capturará la
excepción `FileNotFoundError` y se imprimirá un mensaje de error.
Si el archivo se abre correctamente, se imprimirá un mensaje de
éxito y se realizarán acciones adicionales dentro del bloque
`else`.

8.3 La cláusula finally
La cláusula `finally` es otra cláusula opcional que puede seguir
al bloque `try-except`. El código dentro de la cláusula `finally`
se ejecuta siempre, ya sea que se haya producido una excepción o
no. Esta cláusula se utiliza comúnmente para realizar tareas de
limpieza o liberación de recursos, como cerrar archivos o
conexiones de red.

```python
try:
    # Código que podría generar una excepción
    ...
except TipoDeExcepcion:
    # Código para manejar la excepción
    ...
finally:
    # Código que se ejecuta siempre
    ...
```

Por ejemplo, si hemos abierto un archivo en modo de lectura y
queremos asegurarnos de cerrarlo correctamente, podemos utilizar un
bloque `try-except-finally`.

```python
try:
```
```

```
    archivo = open('archivo.txt', 'r')
    contenido = archivo.read()
    # Realizar operaciones con el contenido del archivo
except FileNotFoundError:
    print('El archivo no existe.')
finally:
    archivo.close()
```

En este ejemplo, independientemente de si se produce una excepción
o no, el archivo se cerrará correctamente al finalizar el bloque
`try-except-finally`.

8.4 Excepciones personalizadas
Además de las excepciones incorporadas en Python, también es
posible crear nuestras propias excepciones personalizadas para casos
específicos. Esto nos permite definir comportamientos y mensajes de
error personalizados.

Para crear una excepción personalizada, creamos una clase que
hereda de la clase base `Exception` o de alguna de sus subclases.
Dentro de la clase personalizada, podemos definir propiedades y
métodos adicionales según sea necesario.

Veamos un ejemplo de cómo crear una excepción personalizada:

```python
class MiExcepcion(Exception):
    def __init__(self, mensaje):
        self.mensaje = mensaje

    def __str__(self):
        return self.mensaje
```

En este ejemplo, hemos creado una clase llamada `MiExcepcion` que
hereda de `Exception`. La clase tiene un constructor `__init__()`
que acepta un mensaje como argumento y lo almacena en una propiedad
`mensaje`. Además, hemos sobrescrito el método `__str__()` para
que al imprimir la excepción, se devuelva el mensaje.

Podemos usar esta excepción personalizada en nuestro código:

```python
try:
    # Código que podría generar una excepción personalizada
    raise MiExcepcion('Este es un mensaje de error personalizado.')
except MiExcepcion as e:
    print(e)
```

En este ejemplo, generamos una excepción `MiExcepcion
```
```

` usando la palabra clave `raise` y proporcionamos un mensaje de error personalizado. Luego, capturamos la excepción y mostramos el mensaje utilizando el objeto de excepción `e`.

8.5 El módulo traceback
El módulo `traceback` es un módulo incorporado en Python que nos permite obtener información detallada sobre las excepciones que se han producido. Proporciona funciones para imprimir la traza de la pila, que muestra el camino que siguió el programa hasta llegar al punto donde se produjo la excepción.

Podemos utilizar la función `traceback.print_exc()` para imprimir la traza de la pila de una excepción en particular:

```python
import traceback

try:
    # Código que podría generar una excepción
    ...
except:
    traceback.print_exc()
```

Esta función imprimirá la traza de la pila de la excepción más reciente. Es útil para depurar errores y comprender dónde y por qué se produjo una excepción.

En resumen, en este capítulo hemos explorado el manejo de excepciones en Python. Hemos aprendido a utilizar el bloque `try-except` para capturar y manejar excepciones de manera controlada. También hemos visto las cláusulas `else` y `finally` que nos permiten realizar acciones adicionales en caso de éxito o siempre. Además, hemos aprendido a crear excepciones personalizadas para casos específicos y utilizar el módulo `traceback` para obtener información detallada sobre las excepciones. El manejo adecuado de excepciones es fundamental para escribir programas robustos y evitar fallos inesperados.

Capítulo 9: Programación orientada a objetos: Conceptos fundamentales y creación de clases en Python

En el mundo de la programación, la Programación Orientada a Objetos (POO) es un paradigma que nos permite modelar el mundo real y organizar nuestro código de una manera más estructurada y modular. Python es un lenguaje de programación que admite completamente la programación orientada a objetos y proporciona todas las herramientas necesarias para crear y trabajar con clases y objetos.

En este capítulo, exploraremos los conceptos fundamentales de la programación orientada a objetos y cómo se implementan en Python. Comenzaremos por comprender los conceptos básicos, como clases, objetos, atributos y métodos. Luego, veremos cómo crear nuestras propias clases y cómo interactuar con los objetos creados a partir de esas clases.

9.1 Introducción a la programación orientada a objetos

La programación orientada a objetos se basa en la idea de que los objetos son entidades que tienen atributos y comportamientos asociados. Un objeto es una instancia de una clase, y una clase es una plantilla o un plano para crear objetos. Por ejemplo, si consideramos la clase "Perro", un objeto de esta clase podría ser "Max", que tiene atributos como nombre, edad y raza, y comportamientos como ladrar y correr.

La POO se basa en cuatro conceptos fundamentales:

1. Clases: Una clase es una plantilla que define las características y comportamientos que tendrán los objetos creados a partir de ella. Una clase define los atributos (variables) y métodos (funciones) que tendrán sus objetos.

2. Objetos: Un objeto es una instancia de una clase. Es una entidad que tiene un estado (atributos) y un comportamiento (métodos) definidos por su clase. Los objetos son las entidades con las que interactuamos en nuestro programa.

3. Atributos: Los atributos son variables asociadas a un objeto. Representan las características o propiedades del objeto. Por ejemplo, en una clase "Persona", los atributos podrían ser nombre, edad y dirección.

4. Métodos: Los métodos son funciones asociadas a un objeto. Representan los comportamientos o acciones que puede realizar el objeto. Por ejemplo, en una clase "Perro", los métodos podrían ser ladrar, correr y dormir.

9.2 Creación de clases en Python

En Python, podemos crear nuestras propias clases utilizando la palabra clave `class`. Una clase se compone de atributos y métodos que definen las características y el comportamiento de los objetos creados a partir de ella. Veamos un ejemplo sencillo de creación de una clase en Python:

```python
class Persona:
    def __init__(self, nombre, edad):
        self.nombre = nombre
        self.edad = edad

    def saludar(self):
        print(f"Hola, mi nombre es {self.nombre} y tengo {self.edad}
        años.")
```

En este ejemplo, hemos creado una clase llamada "Persona" que tiene dos atributos: `nombre` y `edad`. El método `__init__()` es un método especial conocido como constructor, que se llama automáticamente cuando se crea un nuevo objeto a partir de la clase. Los parámetros `nombre` y `edad` se utilizan para inicializar los atributos `nombre` y `edad` del objeto.

También hemos definido un método llamado `saludar()` que imprime un mensaje de

saludo con el nombre y la edad de la persona.

Una vez que hemos creado nuestra clase, podemos crear objetos a partir de ella. Por ejemplo:

```python
persona1 = Persona("Juan", 25)
persona2 = Persona("María", 30)
```

En este caso, hemos creado dos objetos, `persona1` y `persona2`, a partir de la clase "Persona". Cada objeto tiene su propio estado (nombre y edad) y puede invocar los métodos definidos en la clase. Podemos invocar el método `saludar()` de la siguiente manera:

```python
persona1.saludar()
persona2.saludar()
```

Esto imprimirá los mensajes de saludo con el nombre y la edad de cada persona:

```
Hola, mi nombre es Juan y tengo 25 años.
Hola, mi nombre es María y tengo 30 años.
```

9.3 Encapsulación, herencia y polimorfismo
Además de los conceptos básicos de la programación orientada a objetos, existen otros tres conceptos fundamentales que son ampliamente utilizados: encapsulación, herencia y polimorfismo.

9.3.1 Encapsulación
La encapsulación es el proceso de ocultar los detalles internos de un objeto y proporcionar una interfaz externa para interactuar con él. En Python, esto se logra mediante el uso de modificadores de acceso como `public`, `private` y `protected`. Estos modificadores controlan el acceso a los atributos y métodos de una clase.

En Python, no hay una verdadera implementación de atributos y métodos privados o protegidos como en otros lenguajes de programación. Sin embargo, se utiliza una convención de nomenclatura para indicar la visibilidad de los atributos y métodos. Por ejemplo, un atributo o método que comienza con un

guión bajo (`_`) se considera "protegido" y se supone que no debe
ser accedido directamente desde fuera de la clase.

9.3.2 Herencia
La herencia es un concepto en el que una clase puede heredar
atributos y métodos de otra clase. La clase que hereda se conoce
como clase derivada o subclase, y la clase de la cual se heredan los
atributos y métodos se conoce como clase base o superclase.

La herencia permite la reutilización de código y facilita la
creación de jerarquías de clases. En Python, se puede heredar de
una clase utilizando la siguiente sintaxis:

```python
class ClaseDerivada(ClaseBase):
    ...
```

La clase derivada hereda todos los atributos y métodos de la clase
base y puede agregar nuevos atributos y métodos o sobrescribir los
existentes.

9.3.3 Polimorfismo
El polimorfismo es la capacidad de un objeto de tomar diferentes
formas y comportarse de diferentes maneras en función del contexto
en el que se utiliza. En Python, el polimorfismo se logra a través
del uso de la herencia y la sobrescritura de métodos.

Cuando varias clases tienen métodos con el mismo nombre, pero con
implementaciones diferentes, se dice que están utilizando el
polimorfismo. Esto permite tratar objetos de diferentes clases de
manera uniforme, siempre y cuando implementen los mismos métodos.

9.4 Otros conceptos de POO en Python
Además de los conceptos fundamentales, la programación orientada a
objetos en Python también incluye

otros conceptos y características avanzadas, como:

- Métodos estáticos: Son métodos que pertenecen a la clase en
  lugar de pertenecer a instancias específicas de la clase. Se
  definen utilizando el decorador `@staticmethod`.

- Métodos de clase: Son métodos que operan en la clase en lugar
  de en instancias específicas de la clase. Se definen utilizando
  el decorador `@classmethod`.

- Métodos especiales: Son métodos especiales con nombres
  predefinidos que nos permiten sobrescribir el comportamiento
  predeterminado de los objetos. Por ejemplo, el método
  `__str__()` permite definir la representación en cadena de un
  objeto cuando se llama a la función `str()`.

- Herencia múltiple: Python admite la herencia múltiple, lo que
  significa que una clase puede heredar atributos y métodos de
  múltiples clases base.

9.5 Aplicaciones de la programación orientada a objetos
La programación orientada a objetos tiene muchas aplicaciones en el
desarrollo de software. Algunas de las ventajas de utilizar la POO
incluyen:

- Modularidad: La POO permite dividir un programa en módulos más
  pequeños y manejables. Cada clase puede representar un
  componente del sistema, lo que facilita la organización y el
  mantenimiento del código.

- Reutilización de código: Al utilizar la herencia y la creación
  de clases, podemos reutilizar el código existente en lugar de
  volver a escribirlo desde cero.

- Flexibilidad y escalabilidad: La POO permite la creación de
  jerarquías de clases y la definición de relaciones entre ellas,
  lo que facilita la adición de nuevas funcionalidades y la
  modificación del comportamiento existente.

- Abstracción: La POO nos permite representar entidades del mundo
  real como objetos, lo que facilita la comprensión y el modelado
  de problemas complejos.

En resumen, la programación orientada a objetos es un enfoque
poderoso para organizar y estructurar el código. Python proporciona
todas las herramientas necesarias para implementar la POO de manera
efectiva, incluyendo la creación de clases, la encapsulación, la
herencia y el polimorfismo. Al comprender estos conceptos
fundamentales, podemos escribir programas más estructurados,
modulares y fáciles de mantener.

Capítulo 10: Herencia y polimorfismo: Construye jerarquías de
clases y aprovecha la flexibilidad de Python

En el capítulo anterior, exploramos los conceptos fundamentales de
la programación orientada a objetos, como clases, objetos,
atributos y métodos. Ahora, en este capítulo, nos adentraremos en
la herencia y el polimorfismo, dos conceptos clave de la
programación orientada a objetos que nos permiten construir
jerarquías de clases y aprovechar la flexibilidad de Python.

10.1 Herencia en Python
La herencia es un concepto fundamental en la programación orientada
a objetos que nos permite crear jerarquías de clases. En Python,
una clase puede heredar atributos y métodos de otra clase, lo que
facilita la reutilización de código y la creación de relaciones
entre diferentes tipos de objetos.

En Python, la herencia se logra mediante la declaración de una
clase derivada o subclase a partir de una clase base o superclase.
La sintaxis para definir una clase derivada es la siguiente:

```python
class Subclase(ClaseBase):
    ...
```

La subclase hereda todos los atributos y métodos de la clase base y
puede agregar nuevos atributos y métodos o sobrescribir los
existentes. Veamos un ejemplo:

```python
class Vehiculo:
    def __init__(self, marca, modelo):
        self.marca = marca
        self.modelo = modelo

    def acelerar(self):
        print("El vehículo está acelerando.")

class Coche(Vehiculo):
    def __init__(self, marca, modelo, color):
        super().__init__(marca, modelo)
        self.color = color

    def acelerar(self):
        print(f"El coche {self.marca} {self.modelo} de color
        {self.color} está acelerando.")
```

En este ejemplo, tenemos una clase base llamada `Vehiculo` con un
atributo `marca` y un método `acelerar()`. Luego, hemos creado una
subclase llamada `Coche` que hereda de la clase `Vehiculo`. La
subclase `Coche` tiene un atributo adicional `color` y un método
`acelerar()` sobrescrito para imprimir información específica del
coche.

Al crear objetos de la subclase `Coche`, podemos acceder tanto a los
atributos y métodos heredados de la clase base `Vehiculo` como a
los atributos y métodos propios de la subclase. Por ejemplo:

```python
coche1 = Coche("Toyota", "Corolla", "rojo")
coche1.acelerar()
```

Esto imprimirá:

```
El coche Toyota Corolla de color rojo está acelerando.
```

10.2 Polimorfismo en Python

El polimorfismo es otro concepto fundamental de la programación orientada a objetos que nos permite tratar objetos de diferentes clases de manera uniforme. En Python, el polimorfismo se logra a través del uso de la herencia y la sobrescritura de métodos.

Cuando varias clases tienen métodos con el mismo nombre, pero con implementaciones diferentes, se dice que están utilizando el polimorfismo. Esto significa que un objeto puede tomar diferentes formas y comportarse de diferentes maneras en función del contexto en el que se utiliza.

Veamos un ejemplo:

```python
class Animal:
    def sonido(self):
        pass

class Perro(

Animal):
    def sonido(self):
        print("El perro ladra.")

class Gato(Animal):
    def sonido(self):
        print("El gato maulla.")

def hacer_sonar(animal):
    animal.sonido()

perro = Perro()
gato = Gato()

hacer_sonar(perro)    # El perro ladra.
hacer_sonar(gato)     # El gato maulla.
```

En este ejemplo, tenemos una clase base `Animal` con un método `sonido()` que está definido como un método abstracto (implementado con `pass`). Luego, tenemos dos subclases, `Perro` y `Gato`, que heredan de la clase `Animal` y sobrescriben el método `sonido()` con implementaciones específicas.

La función `hacer_sonar()` toma un objeto `animal` como argumento y llama al método `sonido()` del objeto. Dado que los objetos `perro` y `gato` son instancias de diferentes clases, el método `sonido()` se comportará de manera diferente según el tipo de objeto que se pase como argumento.

Al llamar a `hacer_sonar(perro)`, se imprimirá "El perro ladra.", y al llamar a `hacer_sonar(gato)`, se imprimirá "El gato maulla.". A pesar de que ambas llamadas utilizan el mismo nombre de método (`sonido()`), el resultado es diferente según el tipo de objeto.

El polimorfismo nos permite escribir código más genérico y modular, ya que podemos tratar objetos de diferentes clases de manera uniforme siempre y cuando implementen los mismos métodos. Esto facilita la creación de programas flexibles y escalables.

10.3 Herencia múltiple
Python también admite la herencia múltiple, lo que significa que una clase puede heredar atributos y métodos de múltiples clases base. La herencia múltiple permite combinar características de diferentes clases en una sola clase, lo que brinda una gran flexibilidad y potencia a la hora de diseñar y desarrollar programas.

La sintaxis para definir una clase que hereda de múltiples clases base es la siguiente:

```python
class Subclase(ClaseBase1, ClaseBase2, ...):
    ...
```

Cuando una clase hereda de múltiples clases base, puede acceder a los atributos y métodos de todas las clases base. Si varias clases base tienen métodos con el mismo nombre, Python sigue un orden de resolución de método llamado "Orden de Resolución de Métodos" (MRO, por sus siglas en inglés) para determinar qué método se debe llamar. El MRO se basa en el algoritmo C3.

Un ejemplo sencillo de herencia múltiple en Python sería:

```python
class Animal:
    def desplazarse(self):
        print("El animal se desplaza.")

class Mascota:
    def jugar(self):
        print("La mascota está jugando.")

class Perro(Animal, Mascota):
    def ladrar(self):
        print("El perro está ladrando.")

perro = Perro()
perro.desplazarse()  # El animal se desplaza.
perro.jugar()        # La mascota está jugando.
perro.ladrar()       # El perro está ladrando.
```

En este ejemplo, tenemos una clase base `Animal` con el método `desplazarse

`()`, y una clase base `Mascota` con el método `jugar()`. Luego, tenemos una subclase `Perro` que hereda de ambas clases base.

El objeto `perro` puede acceder a los métodos `desplazarse()` y `jugar()` de las clases base `Animal` y `Mascota`, respectivamente, y también puede acceder al método propio `ladrar()` de la subclase `Perro`.

La herencia múltiple puede ser una herramienta poderosa, pero también puede ser compleja de manejar. Es importante tener en cuenta el diseño de las jerarquías de clases y utilizarla de manera adecuada para evitar confusiones y problemas de ambigüedad en el código.

En resumen, la herencia y el polimorfismo son conceptos fundamentales de la programación orientada a objetos que nos permiten construir jerarquías de clases y aprovechar la flexibilidad de Python. La herencia nos permite reutilizar código y establecer relaciones entre clases, mientras que el polimorfismo nos permite tratar objetos de diferentes clases de manera uniforme. Al comprender y utilizar correctamente la herencia y el polimorfismo, podemos escribir programas más flexibles, escalables y fáciles de mantener.

Capítulo 11: Manipulación de cadenas: Trabaja con texto y realiza operaciones avanzadas de manipulación

El manejo de cadenas de texto es una tarea común en la programación, especialmente cuando se trabaja con datos o se interactúa con usuarios. En Python, el lenguaje ofrece una amplia variedad de herramientas y funcionalidades para manipular cadenas de manera eficiente y efectiva. En este capítulo, exploraremos las diversas operaciones y técnicas avanzadas que Python proporciona para la manipulación de cadenas.

11.1 Introducción a las cadenas en Python
En Python, una cadena es una secuencia de caracteres delimitada por comillas simples (' ') o comillas dobles (" "). Las cadenas son objetos inmutables, lo que significa que no se pueden modificar una vez que se crean. Sin embargo, es posible realizar operaciones y manipulaciones en las cadenas para obtener resultados deseados.

Veamos un ejemplo básico para comprender cómo se trabajan las cadenas en Python:

```python
cadena = "Hola, Mundo!"
print(cadena)  # Salida: Hola, Mundo!
```

En este ejemplo, hemos creado una variable llamada `cadena` y le hemos asignado el valor de "Hola, Mundo!". Luego, utilizamos la función `print()` para mostrar el contenido de la cadena en la salida.

11.2 Operaciones básicas con cadenas
Python proporciona una variedad de operaciones básicas que se pueden realizar en las cadenas. Algunas de las operaciones más comunes incluyen:

- Concatenación: Se utiliza el operador de suma (+) para concatenar dos o más cadenas y combinarlas en una sola.

```python
cadena1 = "Hola, "
cadena2 = "Mundo!"
cadena_resultante = cadena1 + cadena2
print(cadena_resultante)  # Salida: Hola, Mundo!
```

En este ejemplo, hemos concatenado las cadenas `cadena1` y `cadena2` para obtener la cadena resultante "Hola, Mundo!".

- Indexación: Se utiliza el índice numérico para acceder a caracteres individuales dentro de una cadena. La indexación comienza desde 0 para el primer carácter y sigue en orden hasta el último carácter.

```python
cadena = "Python"
primer_caracter = cadena[0]
ultimo_caracter = cadena[-1]
print(primer_caracter)   # Salida: P
print(ultimo_caracter)   # Salida: n
```

En este ejemplo, hemos accedido al primer carácter de la cadena utilizando el índice 0 y al último carácter utilizando el índice -1.

- Slicing: Se utiliza el operador de dos puntos (:) para extraer una porción de una cadena. El slicing permite acceder a un rango de caracteres dentro de una cadena.

```python
cadena = "Python"
subcadena = cadena[1:4]
print(subcadena)  # Salida: yth
```

En este ejemplo, hemos extraído una subcadena de la cadena original, que consiste en los caracteres desde el índice 1 hasta el índice 3 (sin incluir el índice 4).

- Longitud de la cadena: Se utiliza la función `len()` para obtener la longitud de una cadena, es decir, el número de caracteres que contiene.

```python
cadena = "Python"
longitud = len(cadena)
print(longitud)  # Salida: 6
```

`

En este ejemplo, hemos utilizado la función `len()` para determinar que la cadena contiene 6 caracteres.

Estas son solo algunas de las operaciones básicas que se pueden realizar en las cadenas de Python. Python proporciona muchas más funciones y métodos integrados para manipular cadenas de texto.

11.3 Métodos de cadenas en Python
Python ofrece una amplia variedad de métodos integrados que se pueden aplicar directamente a las cadenas para realizar diferentes operaciones y manipulaciones. Estos métodos simplifican y agilizan el trabajo con cadenas de texto. A continuación, se muestran algunos de los métodos más utilizados:

- `upper()` y `lower()`: Estos métodos se utilizan para convertir una cadena a mayúsculas o minúsculas, respectivamente.

```python
cadena = "Python"
mayusculas = cadena.upper()
minusculas = cadena.lower()
print(mayusculas)    # Salida: PYTHON
print(minusculas)    # Salida: python
```

En este ejemplo, hemos convertido la cadena a mayúsculas utilizando el método `upper()` y a minúsculas utilizando el método `lower()`.

- `split()`: Este método se utiliza para dividir una cadena en una lista de subcadenas en función de un delimitador especificado.

```python
cadena = "Hola, Mundo!"
subcadenas = cadena.split(", ")
print(subcadenas)    # Salida: ['Hola', 'Mundo!']
```

En este ejemplo, hemos dividido la cadena en dos subcadenas utilizando la coma seguida de un espacio como delimitador.

- `strip()`: Este método se utiliza para eliminar los espacios en blanco al principio y al final de una cadena.

```python
cadena = "   Hola, Mundo!   "
cadena_limpia = cadena.strip()
print(cadena_limpia)    # Salida: "Hola, Mundo!"
```

En este ejemplo, hemos eliminado los espacios en blanco iniciales y finales de la cadena utilizando el método `strip()`.

Estos son solo algunos ejemplos de los muchos métodos disponibles para manipular cadenas en Python. Otros métodos útiles incluyen `replace()`, `find()`, `startswith()`, `endswith()`, entre otros. Estos métodos permiten realizar operaciones como reemplazar subcadenas, buscar subcadenas dentro de una cadena, verificar si una cadena comienza o termina con ciertos caracteres, y más.

11.4 Formateo de cadenas
El formateo de cadenas es una técnica que nos permite crear cadenas de salida más legibles y personalizadas. Python ofrece varias formas de formatear cadenas, incluyendo el uso de literales de cadena formateados, el método `format()` y las f-strings.

- Literales de cadena formateados: Los literales de cadena formateados son cadenas prefixadas con la letra 'f' (por ejemplo, `f"Cadena formateada"`). Permiten la interpolación de valores en la cadena utilizando llaves {} como marcadores de posición.

```python
nombre = "Juan"
edad = 30
cadena_formateada = f"Hola, mi nombre es {nombre} y tengo {edad} años."
print(cadena_formateada)    # Salida: Hola, mi nombre es Juan y tengo 30 años.
```

En este ejemplo, hemos utilizado un literal de cadena formateado para crear una cadena que

muestra el nombre y la edad de una persona.

- Método `format()`: El método `format()` permite formatear cadenas reemplazando marcadores de posición con valores proporcionados como argumentos.

```python
nombre = "María"
edad = 25
cadena_formateada = "Hola, mi nombre es {} y tengo {} años.".format(nombre, edad)
```

```
print(cadena_formateada)    # Salida: Hola, mi nombre es María y
tengo 25 años.
```

En este ejemplo, hemos utilizado el método `format()` para
reemplazar los marcadores de posición {} con los valores de
`nombre` y `edad`.

- F-strings: Las f-strings son una forma más reciente y
  conveniente de formatear cadenas en Python 3.6 y versiones
  posteriores. Permiten la interpolación directa de variables y
  expresiones dentro de llaves {} dentro de una cadena prefixada
  con 'f'.

```python
nombre = "Carlos"
edad = 35
cadena_formateada = f"Hola, mi nombre es {nombre} y tengo {edad}
años."
print(cadena_formateada)    # Salida: Hola, mi nombre es Carlos y
tengo 35 años.
```

En este ejemplo, hemos utilizado una f-string para formatear la
cadena directamente con las variables `nombre` y `edad`.

11.5 Operaciones avanzadas de manipulación de cadenas
Además de las operaciones y métodos básicos, Python proporciona
funcionalidades más avanzadas para manipular cadenas de texto.

- Búsqueda y reemplazo de subcadenas: Python ofrece métodos como
  `find()`, `replace()`, `count()` y `startswith()` que permiten
  buscar y reemplazar subcadenas dentro de una cadena.

```python
cadena = "Hola, Mundo!"
indice = cadena.find("Mundo")
cadena_reemplazada = cadena.replace("Mundo", "Python")
ocurrencias = cadena.count("o")
comienza_con_hola = cadena.startswith("Hola")
print(indice)               # Salida: 6
print(cadena_reemplazada)   # Salida: Hola, Python!
print(ocurrencias)          # Salida: 2
print(comienza_con_hola)    # Salida: True
```

En este ejemplo, hemos utilizado diferentes métodos para buscar la
posición de la subcadena "Mundo", reemplazar la subcadena "Mundo"
por "Python", contar las ocurrencias de la letra "o" y verificar si
la cadena comienza con "Hola".

- Validación y transformación de cadenas: Python proporciona
  métodos como `isnumeric()`, `isalpha()`, `isdigit()`,

`islower()` y `isupper()` que permiten validar y transformar
cadenas en función de ciertos criterios.

```python
cadena1 = "123"
cadena2 = "Hola"
cadena3 = "PYTHON"
es_numerico = cadena1.isnumeric()
es_letras = cadena2.isalpha()
es_digital = cadena1.isdigit()
es_minusculas = cadena3.islower()
es_mayusculas = cadena3.isupper()
print(es_numerico)        # Salida: True
print(es_letras)          # Salida: True
print(es_digital)         # Salida: True
print(es_minusculas)      # Salida: False
print(es_mayusculas)      # Salida: True
```

En este ejemplo, hemos utilizado diferentes métodos para validar si
una cadena es numérica, contiene solo letras, contiene

solo dígitos, está en minúsculas y está en mayúsculas.

Estas son solo algunas de las operaciones y técnicas avanzadas que
Python proporciona para la manipulación de cadenas de texto. Al
dominar estas herramientas, podrás realizar tareas más complejas y
sofisticadas con cadenas en tus programas.

En conclusión, en este capítulo hemos explorado las diferentes
operaciones, métodos y técnicas que Python ofrece para manipular
cadenas de texto. Desde operaciones básicas como concatenación e
indexación hasta métodos avanzados como búsqueda y reemplazo,
validación y transformación de cadenas, Python proporciona un
conjunto completo de herramientas para trabajar eficientemente con
cadenas. Con una comprensión sólida de estas funcionalidades,
podrás trabajar con texto de manera efectiva y realizar operaciones
avanzadas de manipulación de cadenas en tus programas Python.

Capítulo 12: Expresiones regulares: Utiliza patrones de búsqueda
para procesar y manipular texto.

En el mundo de la programación, a menudo nos encontramos con la
necesidad de buscar, procesar y manipular texto de manera eficiente.
Las expresiones regulares son una herramienta poderosa que nos
permite trabajar con patrones de búsqueda y realizar operaciones
avanzadas en cadenas de texto. En este capítulo, exploraremos las
expresiones regulares en Python y cómo utilizarlas para procesar y
manipular texto de manera efectiva.

12.1 Introducción a las expresiones regulares
Una expresión regular, también conocida como regex, es una
secuencia de caracteres que define un patrón de búsqueda. Estos
patrones de búsqueda se utilizan para encontrar coincidencias en

cadenas de texto y realizar diversas operaciones como búsqueda, extracción, reemplazo y validación de patrones.

Las expresiones regulares se componen de caracteres literales y metacaracteres, que tienen un significado especial en el contexto de las expresiones regulares. Algunos metacaracteres comunes incluyen:

- `.` (punto): Coincide con cualquier carácter, excepto un salto de línea.
- `*` (asterisco): Coincide con cero o más repeticiones del elemento anterior.
- `+` (más): Coincide con una o más repeticiones del elemento anterior.
- `?` (signo de interrogación): Coincide con cero o una repetición del elemento anterior.
- `[ ]` (corchetes): Coincide con un solo carácter dentro del conjunto especificado.
- `( )` (paréntesis): Agrupa elementos y recuerda la coincidencia para su posterior uso.

Estos son solo algunos ejemplos de los metacaracteres que se pueden utilizar en las expresiones regulares. Cada lenguaje de programación, incluido Python, tiene su propia implementación de expresiones regulares y puede haber algunas diferencias en la sintaxis y los metacaracteres admitidos.

12.2 Uso de expresiones regulares en Python
En Python, el módulo `re` proporciona funcionalidades para trabajar con expresiones regulares. Para utilizar expresiones regulares en Python, primero debemos importar el módulo `re`:

```python
import re
```

Una vez importado el módulo `re`, podemos utilizar las funciones y métodos proporcionados para trabajar con expresiones regulares. Algunas de las funciones y métodos más utilizados incluyen:

- `search()`: Esta función busca un patrón en una cadena y devuelve la primera coincidencia encontrada.

```python
import re

cadena = "Hola, Mundo!"
patron = r"Mundo"
resultado = re.search(patron, cadena)
if resultado:
    print("Se encontró una coincidencia.")
else:
    print("No se encontró ninguna coincidencia.")
```

En este ejemplo, utilizamos la función `search()` para buscar el patrón "Mundo" en la cadena. Si se encuentra una coincidencia, se imprime un mensaje indicando que se encontró una coincidencia.

- `findall()`: Esta función busca todas las coincidencias de un patrón en una cadena y devuelve una lista con todas las coincidencias.

```python
import re

cadena = "Hola, Mundo! Hola, Python!"
patron = r"Hola"
resultado = re.findall(patron,

 cadena)
print(resultado)     # Salida: ['Hola', 'Hola']
```

En este ejemplo, utilizamos la función `findall()` para buscar todas las apariciones del patrón "Hola" en la cadena. La función devuelve una lista con todas las coincidencias encontradas.

- `sub()`: Este método reemplaza todas las coincidencias de un patrón en una cadena con otro texto especificado.

```python
import re

cadena = "Hola, Mundo!"
patron = r"Mundo"
reemplazo = "Python"
nueva_cadena = re.sub(patron, reemplazo, cadena)
print(nueva_cadena)      # Salida: Hola, Python!
```

En este ejemplo, utilizamos el método `sub()` para reemplazar la coincidencia del patrón "Mundo" con la cadena "Python" en la cadena original.

Estos son solo algunos ejemplos de las funciones y métodos que se pueden utilizar con expresiones regulares en Python. El módulo `re` proporciona una amplia gama de funcionalidades para trabajar con patrones de búsqueda y realizar operaciones avanzadas en cadenas de texto.

12.3 Ejemplos de uso de expresiones regulares
Veamos algunos ejemplos prácticos de cómo se pueden utilizar las expresiones regulares en Python:

- Validación de formato de correo electrónico:

```python
import re
```

```python
correo = "usuario@dominio.com"
patron = r"^[a-zA-Z0-9_.+-]+@[a-zA-Z0-9-]+\.[a-zA-Z0-9-.]+$"
es_valido = re.match(patron, correo)
if es_valido:
    print("El formato del correo electrónico es válido.")
else:
    print("El formato del correo electrónico no es válido.")
```

En este ejemplo, utilizamos la función `match()` para validar el
formato de un correo electrónico utilizando un patrón de
expresión regular específico.

- Extracción de números de teléfono:

```python
import re

texto = "Mi número de teléfono es 123-456-7890. Llámame."
patron = r"\d{3}-\d{3}-\d{4}"
numeros_telefono = re.findall(patron, texto)
print(numeros_telefono)    # Salida: ['123-456-7890']
```

En este ejemplo, utilizamos la función `findall()` para extraer
todos los números de teléfono en el formato "###-###-####" de un
texto dado.

- División de una cadena en palabras:

```python
import re

cadena = "Hola, cómo estás?"
patron = r"\W+"
palabras = re.split(patron, cadena)
print(palabras)    # Salida: ['Hola', 'cómo', 'estás']
```

En este ejemplo, utilizamos el método `split()` para dividir una
cadena en palabras utilizando cualquier carácter que no sea
alfanumérico como delimitador.

Estos ejemplos ilustran solo algunas de las muchas aplicaciones y
casos de uso de las expresiones regulares en Python. Las expresiones
regulares son extremadamente versátiles y pueden ser utilizadas en
una amplia gama de escenarios para manipular y procesar texto de
manera eficiente.

En conclusión, en este capítulo hemos explorado las expresiones
regulares en Python y su uso para procesar y manipular texto. Hemos
visto cómo utilizar las funciones y métodos del módulo `re` para
buscar, extraer, reemplazar

y validar patrones de texto. Las expresiones regulares son una
herramienta poderosa que permite realizar operaciones avanzadas en
cadenas de texto y son ampliamente utilizadas en la programación.
Al dominar las expresiones regulares, podrás manipular y procesar
texto de manera eficiente y efectiva en tus programas Python.

Capítulo 13: Acceso a bases de datos: Conecta Python con bases de
datos y realiza consultas SQL.

En el mundo de la programación, las bases de datos desempeñan un
papel fundamental en el almacenamiento y manejo eficiente de grandes
volúmenes de datos. Python proporciona diversas bibliotecas y
módulos que permiten la conexión y manipulación de bases de datos
desde el propio lenguaje. En este capítulo, exploraremos cómo
acceder a bases de datos desde Python y realizar consultas SQL para
obtener, manipular y actualizar datos.

13.1 Introducción a las bases de datos

Antes de adentrarnos en el acceso a bases de datos desde Python, es
importante comprender qué es una base de datos y cómo se
estructura. Una base de datos es un sistema organizado para
almacenar, administrar y recuperar información. Está compuesta por
tablas que contienen filas y columnas, y cada fila representa un
registro individual en la base de datos.

Existen varios tipos de bases de datos, como bases de datos
relacionales (por ejemplo, MySQL, PostgreSQL) y bases de datos NoSQL
(por ejemplo, MongoDB, Redis). En este capítulo, nos centraremos
principalmente en el acceso a bases de datos relacionales, ya que
son las más utilizadas en la industria y ofrecen un lenguaje común
para manipular datos: el lenguaje de consulta estructurada (SQL).

13.2 Conexión a bases de datos desde Python

Python proporciona varias bibliotecas y módulos para conectarse a
diferentes bases de datos. Algunas de las bibliotecas más populares
incluyen:

- `sqlite3`: Esta biblioteca estándar de Python permite conectarse
  a bases de datos SQLite, una base de datos ligera y autónoma. Es
  ideal para proyectos más pequeños o aplicaciones que no
  requieren una infraestructura de base de datos completa.

- `MySQL Connector`: Es una biblioteca utilizada para conectarse a
  bases de datos MySQL, un sistema de gestión de bases de datos
  relacionales ampliamente utilizado.

- `psycopg2`: Es una biblioteca utilizada para conectarse a bases
  de datos PostgreSQL, otra base de datos relacional de código
  abierto y muy potente.

- `pyodbc`: Es una biblioteca que proporciona una interfaz de
  Python para conectarse a bases de datos mediante el estándar
  ODBC (Open Database Connectivity). Esto permite la conexión a

una amplia gama de bases de datos, incluyendo SQL Server, Oracle y muchas más.

Dependiendo del tipo de base de datos que estés utilizando, deberás instalar la biblioteca correspondiente mediante el gestor de paquetes de Python, como `pip`. Una vez instalada la biblioteca, podrás importarla en tu script de Python y establecer la conexión con la base de datos.

13.3 Realización de consultas SQL
Una vez establecida la conexión con la base de datos, podrás utilizar el lenguaje SQL para realizar consultas y manipulaciones en los datos. SQL es un lenguaje estándar utilizado en las bases de datos relacionales para realizar operaciones como selección, inserción, actualización y eliminación de datos.

Veamos algunos ejemplos de consultas SQL que se pueden realizar desde Python:

- Selección de datos:

```python
import sqlite3

# Establecer conexión a la base de datos SQLite
conexion = sqlite3.connect('basedatos.db')

# Crear un cursor para ejecutar las consultas
cursor = conexion.cursor()

#

 Ejecutar una consulta de selección
cursor.execute('SELECT * FROM usuarios')

# Obtener todos los resultados de la consulta
resultados = cursor.fetchall()

# Imprimir los resultados
for resultado in resultados:
    print(resultado)

# Cerrar la conexión
conexion.close()
```

En este ejemplo, utilizamos la biblioteca `sqlite3` para conectarnos a una base de datos SQLite y realizar una consulta de selección para obtener todos los registros de la tabla "usuarios".

- Inserción de datos:

```python
import psycopg2
```

```python
# Establecer conexión a la base de datos PostgreSQL
conexion = psycopg2.connect(
    host="localhost",
    database="basedatos",
    user="usuario",
    password="contraseña"
)

# Crear un cursor para ejecutar las consultas
cursor = conexion.cursor()

# Ejecutar una consulta de inserción
consulta = "INSERT INTO usuarios (nombre, edad) VALUES (%s, %s)"
valores = ("John Doe", 30)
cursor.execute(consulta, valores)

# Confirmar los cambios en la base de datos
conexion.commit()

# Cerrar la conexión
conexion.close()
```

En este ejemplo, utilizamos la biblioteca `psycopg2` para conectarnos a una base de datos PostgreSQL y realizar una consulta de inserción para agregar un nuevo registro a la tabla "usuarios".

- Actualización de datos:

```python
import mysql.connector

# Establecer conexión a la base de datos MySQL
conexion = mysql.connector.connect(
    host="localhost",
    user="usuario",
    password="contraseña",
    database="basedatos"
)

# Crear un cursor para ejecutar las consultas
cursor = conexion.cursor()

# Ejecutar una consulta de actualización
consulta = "UPDATE usuarios SET edad = %s WHERE nombre = %s"
valores = (35, "John Doe")
cursor.execute(consulta, valores)

# Confirmar los cambios en la base de datos
conexion.commit()

# Cerrar la conexión
conexion.close()
```

```

```

En este ejemplo, utilizamos la biblioteca `mysql.connector` para conectarnos a una base de datos MySQL y realizar una consulta de actualización para modificar la edad de un registro en la tabla "usuarios".

- Eliminación de datos:

```python
import pyodbc

# Establecer conexión a la base de datos mediante ODBC
conexion = pyodbc.connect(
    'Driver={SQL Server};'
    'Server=localhost;'
    'Database=basedatos;'
    'UID=usuario;'
    'PWD=contraseña;'
)

# Crear un cursor para ejecutar las consultas
cursor = conexion.cursor()

# Ejecutar una consulta de eliminación
consulta = "DELETE FROM usuarios WHERE nombre = ?"
nombre = "John Doe"
cursor.execute(consulta, nombre)

# Confirmar los cambios en la base de datos
conexion.commit()

# Cerrar la conexión
conexion.close()
```

En este ejemplo, utilizamos la biblioteca `pyodbc` para conectarnos a una base de datos SQL Server mediante ODBC y realizar una consulta de eliminación para eliminar un registro de la tabla "usuarios".

Estos son solo algunos ejemplos de cómo realizar consultas SQL desde Python utilizando diferentes bibliotecas. Cada biblioteca proporciona su propia sintaxis y métodos para ejecutar consultas y manipular datos en la base de datos.

13.4 Consideraciones de seguridad
Cuando trabajamos con bases de datos, es importante tener en cuenta consideraciones de seguridad para evitar vulnerabilidades y proteger la integridad de los datos. Algunas prácticas recomendadas incluyen:

- Utilizar consultas parametriz

adas o consultas preparadas en lugar de concatenar directamente los valores en la consulta. Esto ayuda a prevenir ataques de inyección de SQL.

- Validar y sanitizar los datos ingresados por los usuarios antes de enviarlos a la base de datos. Esto ayuda a prevenir errores y asegurar que los datos sean coherentes y válidos.

- Limitar los privilegios de acceso a la base de datos. Utilizar usuarios y contraseñas seguras y asignar permisos adecuados para cada usuario.

- Actualizar y aplicar parches de seguridad en la base de datos y en las bibliotecas utilizadas para acceder a ella. Mantener un monitoreo constante para identificar y solucionar posibles vulnerabilidades.

Estas son solo algunas recomendaciones generales de seguridad. Es importante tener en cuenta las mejores prácticas específicas de cada base de datos y biblioteca utilizada.

En resumen, en este capítulo hemos explorado cómo acceder a bases de datos desde Python y realizar consultas SQL para obtener, manipular y actualizar datos. Hemos visto diferentes bibliotecas y módulos disponibles en Python para conectarse a bases de datos relacionales, y hemos examinado ejemplos de consultas de selección, inserción, actualización y eliminación de datos. Además, hemos destacado la importancia de consideraciones de seguridad al trabajar con bases de datos. Al dominar el acceso a bases de datos desde Python, podrás gestionar de manera eficiente grandes volúmenes de datos y realizar consultas sofisticadas para obtener información valiosa.

Capítulo 14: Desarrollo web con Python: Introducción a frameworks y herramientas populares.

El desarrollo web es una de las áreas más populares y demandadas en la industria de la programación. Python, con su amplia gama de herramientas y frameworks, se ha convertido en una opción cada vez más popular para el desarrollo web. En este capítulo, exploraremos el mundo del desarrollo web con Python, desde los conceptos básicos hasta la introducción a algunos de los frameworks y herramientas más populares.

14.1 Introducción al desarrollo web con Python
El desarrollo web implica la creación de aplicaciones y sitios web que se ejecutan en un navegador web. Estas aplicaciones web pueden variar desde sitios web estáticos hasta aplicaciones web dinámicas y complejas. Python, con su sintaxis sencilla y elegante, su gran cantidad de bibliotecas y frameworks, y su comunidad activa, es una excelente opción para el desarrollo web.

Antes de sumergirnos en los frameworks y herramientas especÃficos, es importante comprender los conceptos bÃ¡sicos del desarrollo web. Algunos de los conceptos clave incluyen:

- Protocolo HTTP: El Protocolo de Transferencia de Hipertexto (HTTP) es el protocolo utilizado para la comunicaciÃ³n entre el navegador web y el servidor. Es importante comprender los mÃ©todos HTTP, como GET y POST, y cÃ³mo se utilizan para enviar y recibir datos.

- HTML, CSS y JavaScript: Estos son los lenguajes fundamentales del desarrollo web. HTML se utiliza para definir la estructura y el contenido de una pÃ¡gina web, CSS se utiliza para dar estilo y diseÃ±o a la pÃ¡gina, y JavaScript se utiliza para agregar interactividad y dinamismo a la pÃ¡gina.

- Servidor web: Un servidor web es un software que maneja las solicitudes de los navegadores web y envÃa las respuestas correspondientes. Algunos de los servidores web mÃ¡s populares incluyen Apache, Nginx y Microsoft IIS.

- Base de datos: En el desarrollo web, a menudo se utilizan bases de datos para almacenar y recuperar datos. Pueden ser bases de datos relacionales como MySQL o PostgreSQL, o bases de datos NoSQL como MongoDB o Redis.

14.2 Frameworks y herramientas populares en Python
Python ofrece una amplia gama de frameworks y herramientas para el desarrollo web. Estos frameworks proporcionan una estructura y una serie de funcionalidades predefinidas que facilitan el desarrollo rÃ¡pido y eficiente de aplicaciones web. Algunos de los frameworks mÃ¡s populares en Python son:

- Django: Django es un framework web de alto nivel y de propÃ³sito general que sigue el principio de "baterÃas incluidas". Proporciona una gran cantidad de funcionalidades listas para usar, como manejo de formularios, autenticaciÃ³n de usuarios, manejo de sesiones y mucho mÃ¡s. Django tambiÃ©n incluye un potente ORM (Object-Relational Mapping) que facilita la interacciÃ³n con bases de datos.

- Flask: Flask es un framework web ligero y flexible que se enfoca en la simplicidad y la extensibilidad. Proporciona una base sÃ³lida para construir aplicaciones web, pero es lo suficientemente flexible como para adaptarse a diferentes necesidades y preferencias. Flask no impone una estructura especÃfica y permite elegir las herramientas y extensiones que mejor se adapten al proyecto.

- Pyramid: Pyramid es otro framework web flexible que sigue el principio de "hazlo a tu manera". Proporcion a una arquitectura simple pero sólida que fomenta las mejores prácticas de desarrollo. Pyramid se adapta bien tanto a aplicaciones pequeñas como a proyectos grandes y complejos.

- Tornado: Tornado es un framework web asincrónico que se destaca por su capacidad de manejar un gran número de conexiones simultáneas. Es especialmente adecuado para aplicaciones en tiempo real y servicios web de alto rendimiento.

Estos son solo algunos ejemplos de los frameworks más populares en Python. Cada uno tiene sus propias características y fortalezas, por lo que es importante elegir el framework que mejor se adapte a las necesidades del proyecto.

Además de los frameworks, existen muchas otras herramientas y bibliotecas útiles para el desarrollo web con Python. Algunas de estas herramientas incluyen:

- SQLAlchemy: SQLAlchemy es una biblioteca de mapeo objeto-relacional (ORM) que facilita la interacción con bases de datos relacionales. Proporciona una interfaz de alto nivel para realizar consultas y manipular datos en la base de datos.

- Jinja2: Jinja2 es un motor de plantillas que permite separar la lógica de presentación en las aplicaciones web. Permite generar contenido dinámico y reutilizable, lo que facilita la creación de páginas web dinámicas.

- Celery: Celery es una biblioteca de programación asíncrona que permite realizar tareas en segundo plano de manera eficiente. Es útil para realizar tareas que pueden llevar mucho tiempo, como el envío de correos electrónicos o el procesamiento de imágenes.

- WTForms: WTForms es una biblioteca para crear y validar formularios en aplicaciones web. Facilita la creación de formularios con validaciones y ofrece una integración sencilla con los frameworks web más populares.

Estas son solo algunas de las muchas herramientas disponibles para el desarrollo web con Python. Cada herramienta tiene su propio propósito y características, por lo que es importante explorar y elegir las que mejor se adapten a tus necesidades específicas.

14.3 Desarrollo web paso a paso con un framework
Ahora que hemos cubierto los conceptos básicos y hemos presentado algunos de los frameworks y herramientas más populares en Python, veamos cómo se desarrolla una aplicación web paso a paso utilizando un framework.

En este ejemplo, utilizaremos el framework Flask para crear una aplicación web simple que permita a los usuarios registrar y ver mensajes. La aplicación tendrá las siguientes funcionalidades:

- Registro de usuarios: Los usuarios podrán registrarse proporcionando un nombre de usuario y una contraseña.
- Inicio de sesión: Los usuarios podrán iniciar sesión con su nombre de usuario y contraseña.
- Mensajes: Los usuarios podrán escribir mensajes y ver los mensajes de otros usuarios.

Paso 1: Configuración del entorno
En primer lugar, debemos configurar nuestro entorno de desarrollo. Esto incluye la instalación de Python y las bibliotecas necesarias, como Flask.

Paso 2: Creación del proyecto
A continuación, crearemos una estructura básica para nuestro proyecto Flask. Esto incluye la creación de un archivo principal, llamado `app.py`, y la configuración inicial del proyecto.

Paso 3: Definición de las rutas y vistas
En este paso, definiremos las rutas de nuestra aplicación web y las funciones de vista asociadas. Por ejemplo, podemos tener una ruta para el registro de usuarios, una ruta para el inicio de sesión y una ruta

para la visualización de mensajes.

Paso 4: Creación de las plantillas HTML
Las plantillas HTML se utilizan para definir la estructura y el diseño de nuestras páginas web. En este paso, crearemos las plantillas necesarias para nuestras páginas, como el formulario de registro, el formulario de inicio de sesión y la página de visualización de mensajes.

Paso 5: Conexión con la base de datos
Para almacenar y recuperar datos, necesitaremos conectar nuestra aplicación web a una base de datos. Utilizaremos una biblioteca como SQLAlchemy para facilitar la interacción con la base de datos.

Paso 6: Implementación de la lógica de la aplicación
En este paso, implementaremos la lógica de nuestra aplicación. Esto incluye el procesamiento de los formularios enviados por los usuarios, la validación de la información ingresada y la interacción con la base de datos para almacenar y recuperar datos.

Paso 7: Pruebas y depuración
Una vez que hayamos completado la implementación de nuestra aplicación web, es importante realizar pruebas exhaustivas y realizar depuración para asegurarnos de que todo funcione como se esperaba. Esto implica probar todas las funcionalidades de la aplicación, identificar y corregir cualquier error o problema encontrado.

Paso 8: Implementación en producción
Finalmente, cuando nuestra aplicación web esté lista y probada, podremos implementarla en un entorno de producción. Esto implica

configurar un servidor web, como Nginx o Apache, y asegurarse de que nuestra aplicación esté correctamente configurada y accesible para los usuarios.

Conclusión
En este capítulo, hemos explorado el emocionante mundo del desarrollo web con Python. Hemos aprendido los conceptos básicos del desarrollo web y hemos visto algunos de los frameworks y herramientas más populares disponibles en Python. Además, hemos seguido los pasos básicos para crear una aplicación web utilizando un framework, desde la configuración del entorno hasta la implementación en producción.

El desarrollo web con Python ofrece una gran flexibilidad y potencial para crear aplicaciones web sofisticadas y de alto rendimiento. Con la combinación adecuada de frameworks, herramientas y buenas prácticas de desarrollo, puedes crear sitios web dinámicos, aplicaciones web interactivas y servicios web poderosos.

¡Explora el mundo del desarrollo web con Python y desata tu creatividad para construir aplicaciones web impresionantes y funcionales!

Capítulo 15: Creación de interfaces gráficas: Construye aplicaciones con una interfaz visual atractiva.

Las interfaces gráficas de usuario (GUI, por sus siglas en inglés) son una parte integral de muchas aplicaciones modernas. Proporcionan una forma intuitiva y visualmente atractiva de interactuar con un programa. Python ofrece varias herramientas y bibliotecas para crear interfaces gráficas, lo que permite a los desarrolladores crear aplicaciones que sean más accesibles y atractivas para los usuarios finales.

15.1 Introducción a las interfaces gráficas
Una interfaz gráfica de usuario (GUI) es una representación visual de una aplicación que permite a los usuarios interactuar con ella a través de elementos gráficos, como botones, campos de texto, listas desplegables y ventanas emergentes. Las GUI hacen que las aplicaciones sean más accesibles y fáciles de usar, ya que los usuarios pueden realizar acciones con solo hacer clic o interactuar con elementos visuales en lugar de tener que escribir comandos o recordar sintaxis.

Python ofrece varias opciones para crear interfaces gráficas. Algunas de las bibliotecas más populares y ampliamente utilizadas son:

- Tkinter: Tkinter es la biblioteca de GUI estándar de Python y viene incluida con la mayoría de las instalaciones de Python. Proporciona una amplia gama de widgets y herramientas para crear interfaces gráficas. Tkinter es fácil de aprender y usar, lo que la convierte en una excelente opción para principiantes en el desarrollo de GUI con Python.

- PyQt: PyQt es una biblioteca que proporciona enlaces para utilizar la biblioteca Qt de C++ en Python. Qt es un framework de desarrollo de aplicaciones multiplataforma que ofrece una amplia gama de herramientas y widgets para la creación de interfaces gráficas. PyQt combina la potencia y la flexibilidad de Qt con la simplicidad y la facilidad de uso de Python.

- PySide: PySide es otra biblioteca que proporciona enlaces para utilizar Qt en Python. Es una alternativa a PyQt y ofrece una interfaz de programación similar. PySide se utiliza ampliamente en la industria y ha sido adoptado por muchas aplicaciones populares.

Estas son solo algunas de las bibliotecas más comunes para crear interfaces gráficas en Python. Cada una tiene sus propias características y ventajas, por lo que es importante explorar y elegir la que mejor se adapte a tus necesidades y preferencias.

15.2 Diseño de interfaces gráficas
Antes de comenzar a crear una interfaz gráfica, es importante planificar y diseñar cuidadosamente la apariencia y la funcionalidad de la aplicación. Un buen diseño de interfaz gráfica debe ser intuitivo, fácil de usar y visualmente atractivo.

Algunos aspectos a considerar durante el diseño de una interfaz gráfica incluyen:

- Diseño visual: La interfaz gráfica debe tener un diseño coherente y atractivo visualmente. Se deben seleccionar colores, fuentes y estilos que sean agradables a la vista y que reflejen la identidad de la aplicación.

- Organización de elementos: Los elementos de la interfaz, como botones, campos de texto y paneles, deben estar organizados de manera lógica y fácil de entender. La disposición de los elementos debe seguir un flujo natural y permitir a los usuarios acceder fácilmente a las func

ionalidades de la aplicación.

- Navegación intuitiva: La interfaz gráfica debe proporcionar una navegación clara y fácil entre las diferentes partes de la aplicación. Los usuarios deben poder moverse de manera intuitiva y sin esfuerzo a través de las diferentes secciones y funcionalidades.

- Retroalimentación visual: Es importante proporcionar retroalimentación visual para las acciones realizadas por los usuarios. Por ejemplo, cambiar el estado de un botón después de hacer clic en él o mostrar un mensaje de confirmación después de realizar una operación.

- Usabilidad: La interfaz gráfica debe ser fácil de usar y comprensible para los usuarios. Los elementos y las acciones deben ser claros y estar bien etiquetados. Se debe minimizar la cantidad de pasos necesarios para realizar una tarea y proporcionar instrucciones claras cuando sea necesario.

15.3 Creación de interfaces gráficas con Tkinter
En este capítulo, nos enfocaremos en el uso de Tkinter para crear interfaces gráficas en Python. Tkinter es una biblioteca estándar de Python que proporciona una amplia gama de widgets y herramientas para la creación de interfaces gráficas.

El proceso básico para crear una interfaz gráfica con Tkinter implica los siguientes pasos:

Paso 1: Importar el módulo Tkinter: Para comenzar, debemos importar el módulo Tkinter en nuestro programa.

Paso 2: Crear una instancia de la clase Tk: La clase Tk es la clase principal de Tkinter y representa la ventana principal de nuestra aplicación.

Paso 3: Agregar widgets a la ventana: Los widgets son elementos visuales, como botones, campos de texto y etiquetas, que permiten a los usuarios interactuar con la aplicación. Podemos agregar widgets a la ventana principal utilizando métodos específicos de Tkinter.

Paso 4: Configurar la funcionalidad de los widgets: Después de agregar los widgets a la ventana, podemos configurar su funcionalidad, como asignar comandos a los botones o establecer valores iniciales en los campos de texto.

Paso 5: Iniciar el bucle principal: Una vez que hayamos configurado todos los widgets, podemos iniciar el bucle principal de Tkinter llamando al método mainloop() de la ventana principal. Esto hará que la aplicación se ejecute y esté lista para interactuar con los usuarios.

A lo largo de este capítulo, exploraremos en detalle cada uno de estos pasos y veremos ejemplos prácticos de cómo crear diferentes tipos de widgets y configurar su funcionalidad.

15.4 Ejemplo práctico: Creación de una aplicación de calculadora
Para ilustrar el proceso de creación de interfaces gráficas con Tkinter, vamos a desarrollar una aplicación de calculadora simple. La calculadora tendrá una interfaz gráfica que permitirá a los usuarios ingresar números y realizar operaciones básicas de suma, resta, multiplicación y división.

Pasos para crear la aplicación de la calculadora:

Paso 1: Importar el módulo Tkinter:
```
```

```
from tkinter import *
```

Paso 2: Crear una instancia de la clase Tk:
```

ventana = Tk()
ventana.title("Calculadora")
```

Paso 3: Agregar widgets a la ventana:
- Pantalla de entrada: Utilizaremos un campo de texto para mostrar
  los nÃºmeros ingresados y los resultados de las operaciones.
```

pantalla = Entry(ventana, font=('Arial',

20), justify='right')
pantalla.grid(row=0, column=0, columnspan=4, padx=10, pady=10)
```

- Botones numÃ©ricos: Agregaremos botones numÃ©ricos del 0 al 9
  para que los usuarios puedan ingresar nÃºmeros.
```

boton_1 = Button(ventana, text="1", padx=20, pady=10,
command=lambda: agregar_numero(1))
boton_1.grid(row=1, column=0)
```

- Botones de operaciÃ³n: Agregaremos botones para las operaciones
  de suma, resta, multiplicaciÃ³n y divisiÃ³n.
```

boton_suma = Button(ventana, text="+", padx=20, pady=10,
command=sumar)
boton_suma.grid(row=1, column=1)
```

Paso 4: Configurar la funcionalidad de los widgets:
- Definiremos funciones para las operaciones de suma, resta,
  multiplicaciÃ³n y divisiÃ³n.
```

def sumar():
    # Obtiene los valores ingresados por el usuario y realiza la
    suma
    ...

def restar():
    # Obtiene los valores ingresados por el usuario y realiza la
    resta
    ...

# Definir funciones para las otras operaciones
```

Paso 5: Iniciar el bucle principal:
```
```

```
ventana.mainloop()
```
```
```

En este ejemplo, solo hemos mostrado un fragmento del código
necesario para crear la aplicación de la calculadora. A medida que
avancemos en el capítulo, iremos agregando más funcionalidades y
explicando en detalle cada parte del código.

15.5 Personalización y mejoras de la interfaz gráfica
Una vez que hayamos creado la estructura básica de nuestra interfaz
gráfica, podemos personalizarla y mejorarla agregando estilos,
colores y otros elementos visuales.

Algunas formas de personalizar y mejorar la interfaz gráfica
incluyen:

- Estilos y temas: Tkinter ofrece la posibilidad de cambiar los
  estilos y temas de la interfaz gráfica. Podemos seleccionar
  entre diferentes estilos predefinidos o personalizar nuestros
  propios estilos para adaptar la apariencia de la aplicación a
  nuestras necesidades.

- Imágenes y gráficos: Podemos agregar imágenes y gráficos a
  nuestra interfaz gráfica para hacerla más atractiva y
  visualmente interesante. Tkinter proporciona herramientas para
  mostrar imágenes y dibujar gráficos simples.

- Animaciones: Si deseamos agregar interacciones más dinámicas a
  nuestra interfaz gráfica, podemos utilizar técnicas de
  animación. Esto puede incluir transiciones suaves entre
  diferentes estados de la interfaz o animaciones que respondan a
  las acciones de los usuarios.

- Diseño responsivo: Es importante tener en cuenta el diseño
  responsivo al crear interfaces gráficas. Esto implica asegurarse
  de que la interfaz se adapte y se vea bien en diferentes tamaños
  de pantalla y dispositivos. Podemos utilizar técnicas como la
  disposición en cuadrícula flexible para lograr un diseño
  responsivo.

- Usabilidad: Además de la apariencia visual, también debemos
  considerar la usabilidad de la interfaz gráfica. Esto implica
  asegurarse de que los elementos sean fáciles de usar y
  comprensibles para los usuarios. Podemos realizar pruebas de
  usabilidad y solicitar comentarios de los usuarios para mejorar
  la interfaz.

En resumen, crear una interfaz gráfica atractiva y funcional con
Python es un proceso emocionante

que permite a los desarrolladores ofrecer experiencias de usuario
mejoradas. Con las herramientas y bibliotecas disponibles, como
Tkinter, podemos diseñar interfaces intuitivas y visualmente
agradables que mejoren la usabilidad y la accesibilidad de nuestras

aplicaciones. En el próximo capítulo, exploraremos más a fondo las opciones de personalización y las técnicas avanzadas para el desarrollo de interfaces gráficas con Python.

Capítulo 16: Desarrollo de juegos: Aprende a crear tus propios juegos con Python y librerías especializadas.

Introducción:

El desarrollo de juegos es una de las áreas más emocionantes y creativas dentro del mundo de la programación. Python, con su sintaxis clara y legible, su amplia comunidad de desarrolladores y sus librerías especializadas, se ha convertido en una opción popular para aquellos que desean explorar el mundo del desarrollo de juegos.

En este capítulo, exploraremos el desarrollo de juegos con Python y cómo podemos utilizar las librerías especializadas disponibles para crear juegos interactivos y divertidos. Discutiremos los conceptos clave relacionados con el desarrollo de juegos, exploraremos algunas de las librerías más populares y realizaremos ejemplos prácticos para demostrar cómo crear juegos simples pero efectivos.

16.1 Los fundamentos del desarrollo de juegos:

Antes de sumergirnos en el desarrollo de juegos con Python, es importante comprender los fundamentos de esta disciplina. Al crear un juego, debemos tener en cuenta varios aspectos esenciales:

- Gráficos y animación: Los juegos suelen ser visuales y requieren gráficos atractivos y animaciones fluidas. Esto implica el uso de imágenes, sprites y técnicas de animación para dar vida a los personajes y objetos del juego.

- Interacción del usuario: Un juego interactivo permite a los jugadores tomar decisiones y realizar acciones que afecten el curso del juego. Esto implica capturar la entrada del usuario, como clics de mouse y pulsaciones de teclas, y responder a ella para actualizar el estado del juego.

- Física y colisiones: Los juegos a menudo involucran elementos físicos y simulaciones de colisiones entre objetos. Esto implica el uso de fórmulas matemáticas y algoritmos para calcular la física del juego, como la gravedad, la aceleración y las colisiones realistas.

- Lógica del juego: Cada juego tiene su propia lógica subyacente que determina las reglas, objetivos y desafíos del juego. Esto implica la implementación de algoritmos y estructuras de datos para gestionar el estado del juego, las puntuaciones, los niveles y otros aspectos fundamentales del juego.

16.2 Librerías especializadas para el desarrollo de juegos en Python:

Python ofrece varias librerías especializadas que facilitan el desarrollo de juegos. Estas librerías proporcionan herramientas y funciones específicas para la creación de juegos, lo que permite a los desarrolladores centrarse en la lógica y la creatividad del juego en lugar de preocuparse por los detalles de bajo nivel.

Algunas de las librerías más populares para el desarrollo de juegos en Python son:

- Pygame: Pygame es una librería de código abierto y multiplataforma que proporciona funcionalidades para el desarrollo de juegos en 2D. Ofrece capacidades para gráficos, sonido, colisiones y eventos, lo que la hace ideal para juegos simples y de tamaño mediano.

- Panda3D: Panda3D es una librería de desarrollo de juegos de alto nivel que se utiliza para crear juegos en 3D. Ofrece un motor gráfico avanzado, soporte para física y colisiones, y herramientas de desarrollo integradas que facilitan la creación de juegos complejos y visualmente impresionantes.

- Pyglet:

 Pyglet es una librería de desarrollo de juegos en Python que se enfoca en la creación de juegos multimedia y aplicaciones interactivas. Proporciona capacidades para gráficos 2D y 3D, sonido, animación y manipulación de ventanas.

- Arcade: Arcade es una librería moderna y fácil de usar para el desarrollo de juegos en 2D. Está diseñada para ser simple y accesible, lo que la hace adecuada para principiantes en el desarrollo de juegos. Ofrece soporte para gráficos, sonido, colisiones y eventos.

16.3 Ejemplo práctico: Creación de un juego de plataformas simple:

Para ilustrar los conceptos discutidos hasta ahora, vamos a crear un ejemplo práctico de un juego de plataformas simple utilizando la librería Pygame. Este juego contará con un personaje que debe saltar entre plataformas para llegar a la meta mientras evita obstáculos y enemigos.

Pasos para crear el juego:

Paso 1: Configurar el entorno de desarrollo:
- Instala Python en tu sistema si aún no lo has hecho.
- Instala la librería Pygame utilizando el gestor de paquetes de Python (pip).

Paso 2: Importar las librerías necesarias:

- Importa la librería Pygame y otras librerías auxiliares, como random y sys.

Paso 3: Inicializar el juego:
- Crea una ventana de juego utilizando la función `pygame.display.set_mode()` y configura el tamaño y el título de la ventana.
- Inicializa variables como la posición del personaje, la velocidad de movimiento, etc.

Paso 4: Crear los elementos del juego:
- Crea los sprites para el personaje, las plataformas, los obstáculos y los enemigos utilizando la funcionalidad de imágenes de Pygame.
- Define las propiedades y comportamientos de cada sprite, como la detección de colisiones y las animaciones.

Paso 5: Controlar la interacción del usuario:
- Captura las entradas del usuario, como las pulsaciones de teclas, utilizando la función `pygame.event.get()`.
- Responde a las entradas del usuario actualizando el estado del juego, como mover al personaje o saltar.

Paso 6: Actualizar el estado del juego:
- Actualiza la posición y el estado de los sprites en función de las interacciones del usuario y las reglas del juego.
- Comprueba las colisiones entre los sprites y toma medidas en consecuencia, como eliminar una plataforma cuando el personaje la toca.

Paso 7: Renderizar los gráficos:
- Utiliza la función `pygame.display.flip()` para actualizar la ventana y mostrar los cambios realizados en el juego.

Paso 8: Configurar el bucle principal del juego:
- Utiliza un bucle `while` para ejecutar continuamente el juego hasta que se cumpla una condición de salida.
- Dentro del bucle, llama a las funciones necesarias para controlar la interacción del usuario, actualizar el estado del juego y renderizar los gráficos.

Paso 9: Finalizar el juego:
- Limpia los recursos utilizados por el juego y cierra la ventana cuando el bucle principal finalice.

Este es solo un ejemplo básico para ilustrar los conceptos del desarrollo de juegos con Python. A medida que te familiarices con las librerías y técnicas, podrás crear juegos más complejos

 y sofisticados con gráficos detallados, sonidos envolventes y mecánicas de juego interesantes.

Conclusiones:

El desarrollo de juegos con Python es una forma emocionante y creativa de aplicar tus habilidades de programación. En este capítulo, hemos explorado los fundamentos del desarrollo de juegos, las librerías especializadas disponibles y hemos realizado un ejemplo práctico de creación de un juego de plataformas simple.

Recuerda que el desarrollo de juegos es un proceso iterativo en el que puedes experimentar, aprender de tus errores y mejorar constantemente tus habilidades. Explora las diferentes librerías y herramientas disponibles, lee documentación, participa en comunidades de desarrollo de juegos y diviértete creando tus propios juegos con Python. ¡Las posibilidades son infinitas!

Capítulo 17: Procesamiento de datos: Manipulación, análisis y visualización de grandes conjuntos de datos.

Introducción:

En la era digital actual, estamos rodeados de una gran cantidad de datos generados por diversas fuentes, como sensores, redes sociales, transacciones comerciales y más. El procesamiento de datos se ha convertido en una habilidad fundamental para extraer información valiosa y obtener perspectivas significativas de estos conjuntos de datos masivos.

En este capítulo, exploraremos cómo Python puede ser utilizado como una poderosa herramienta para el procesamiento de datos. Discutiremos las técnicas y librerías disponibles que nos permiten manipular, analizar y visualizar grandes conjuntos de datos de manera eficiente y efectiva.

17.1 Manipulación de datos:

Antes de que podamos analizar y visualizar datos, a menudo es necesario realizar operaciones de manipulación y limpieza de los conjuntos de datos. Python ofrece una serie de librerías especializadas que simplifican estas tareas.

- Pandas: Pandas es una librería popular y ampliamente utilizada para la manipulación y análisis de datos en Python. Proporciona estructuras de datos flexibles y eficientes, como el DataFrame, que nos permite realizar operaciones de filtrado, ordenamiento, agrupamiento y transformación de datos de manera sencilla.

- NumPy: NumPy es una librería esencial para el procesamiento numérico en Python. Proporciona una poderosa estructura de datos llamada ndarray, que permite realizar operaciones eficientes en matrices y arreglos multidimensionales. NumPy es especialmente útil para el cálculo científico y el procesamiento de grandes conjuntos de datos numéricos.

17.2 Análisis de datos:

Una vez que los datos han sido manipulados y limpiados, podemos realizar análisis para obtener información y patrones significativos. Python ofrece una serie de librerías populares para realizar análisis de datos.

- SciPy: SciPy es una librería de código abierto para el procesamiento científico y análisis de datos en Python. Proporciona una amplia gama de funciones y herramientas para realizar tareas como interpolación, optimización, estadísticas y procesamiento de señales.

- scikit-learn: scikit-learn es una librería de aprendizaje automático en Python. Ofrece una variedad de algoritmos de aprendizaje supervisado y no supervisado, así como herramientas para la evaluación y validación de modelos. scikit-learn es especialmente útil para el análisis predictivo y la construcción de modelos predictivos a partir de datos.

- Matplotlib: Matplotlib es una librería de visualización de datos en Python. Permite generar una amplia variedad de gráficos y visualizaciones, incluyendo gráficos de líneas, barras, dispersión, histogramas, diagramas de caja y más. Matplotlib es altamente personalizable y ofrece opciones para ajustar el estilo y los detalles visuales de los gráficos.

17.3 Visualización de datos:

La visualización de datos es una parte crucial del procesamiento de datos, ya que nos permite comunicar de manera efectiva los resultados y patrones encontrados. Python ofrece una variedad de librerías para crear visualizaciones atractivas y significativas.

- Seaborn: Seaborn es una librería de visualización estadística en Python

. Está construida sobre Matplotlib y ofrece una interfaz más sencilla y amigable para la creación de gráficos estadísticos. Seaborn proporciona estilos predefinidos y funciones para visualizar relaciones estadísticas complejas.

- Plotly: Plotly es una librería interactiva de visualización de datos en Python. Permite crear visualizaciones interactivas y dinámicas, como gráficos de dispersión interactivos, diagramas de contorno, gráficos de superficie y más. Plotly es especialmente útil cuando se desea compartir y explorar datos de forma interactiva.

17.4 Procesamiento de grandes conjuntos de datos:

Cuando se trabaja con grandes conjuntos de datos que no caben en la memoria, es necesario utilizar técnicas de procesamiento de datos en lote y paralelización. Python ofrece herramientas específicas para manejar este tipo de escenarios.

- Dask: Dask es una librería de procesamiento paralelo y distribuido en Python. Permite manejar conjuntos de datos que exceden la memoria RAM utilizando la partición de datos y la ejecución en paralelo. Dask se integra bien con otras librerías de Python, como Pandas y NumPy.

- Apache Spark: Apache Spark es un motor de procesamiento de datos distribuido que se integra con Python a través de la librería PySpark. Spark proporciona una interfaz de programación simple para el procesamiento de datos distribuidos y escalables. Es especialmente útil para el procesamiento en clústeres de grandes conjuntos de datos.

Conclusiones:

El procesamiento de datos es una parte fundamental de cualquier proyecto de análisis y ciencia de datos. En este capítulo, hemos explorado las técnicas y herramientas disponibles en Python para manipular, analizar y visualizar grandes conjuntos de datos.

Desde la manipulación y limpieza de datos con Pandas y NumPy, hasta el análisis y modelado con SciPy y scikit-learn, y finalmente la visualización de datos con Matplotlib, Seaborn y Plotly, Python ofrece un ecosistema completo y poderoso para el procesamiento de datos.

Además, hemos discutido el procesamiento de grandes conjuntos de datos que no caben en la memoria, utilizando técnicas de procesamiento en lote, paralelización y distribución con librerías como Dask y Apache Spark.

Dominar estas técnicas y herramientas te permitirá aprovechar al máximo tus conjuntos de datos, descubrir información valiosa y obtener ideas significativas. Recuerda que el procesamiento de datos es un proceso iterativo, y la práctica constante te ayudará a mejorar tus habilidades y convertirte en un experto en el procesamiento de datos con Python.

Capítulo 18: Inteligencia artificial y aprendizaje automático: Explora las capacidades de Python en el campo de la IA.

Introducción:

La Inteligencia Artificial (IA) y el Aprendizaje Automático (Machine Learning) son áreas de estudio que han experimentado un crecimiento significativo en los últimos años. Estas disciplinas se enfocan en desarrollar algoritmos y sistemas capaces de realizar tareas que normalmente requieren de inteligencia humana, como el reconocimiento de imágenes, el procesamiento del lenguaje natural, la toma de decisiones y más.

Python se ha convertido en uno de los lenguajes de programación más populares para la implementación de soluciones de IA y Aprendizaje Automático debido a su sintaxis legible, su amplio ecosistema de librerÃas y su facilidad de uso. En este capÃtulo, exploraremos las capacidades de Python en el campo de la IA y el Aprendizaje AutomÃ¡tico.

18.1 Fundamentos de la IA y el Aprendizaje AutomÃ¡tico:

Antes de adentrarnos en las capacidades de Python, es importante comprender los fundamentos de la IA y el Aprendizaje AutomÃ¡tico. La IA se refiere al desarrollo de sistemas inteligentes capaces de realizar tareas de manera autÃ³noma, mientras que el Aprendizaje AutomÃ¡tico se enfoca en entrenar a los sistemas para que mejoren su rendimiento a travÃ©s de la experiencia y los datos.

18.2 LibrerÃas populares de IA y Aprendizaje AutomÃ¡tico en Python:

Python ofrece una amplia gama de librerÃas populares para la implementaciÃ³n de soluciones de IA y Aprendizaje AutomÃ¡tico. Algunas de las librerÃas mÃ¡s utilizadas son:

- TensorFlow: TensorFlow es una librerÃa de cÃ³digo abierto desarrollada por Google para la implementaciÃ³n de redes neuronales y modelos de Aprendizaje AutomÃ¡tico. Ofrece un entorno flexible y escalable para la construcciÃ³n y entrenamiento de modelos de IA.

- Keras: Keras es una librerÃa de alto nivel que se ejecuta sobre TensorFlow. Proporciona una interfaz simplificada para la construcciÃ³n y entrenamiento de redes neuronales, lo que la hace ideal para usuarios principiantes o aquellos que desean desarrollar prototipos rÃ¡pidos.

- PyTorch: PyTorch es otra librerÃa popular para el desarrollo de modelos de Aprendizaje AutomÃ¡tico y redes neuronales. Se destaca por su facilidad de uso y su capacidad para implementar modelos complejos con mayor flexibilidad que otras librerÃas.

- scikit-learn: scikit-learn es una librerÃa ampliamente utilizada para el Aprendizaje AutomÃ¡tico en Python. Proporciona una variedad de algoritmos y herramientas para la clasificaciÃ³n, regresiÃ³n, agrupamiento y mÃ¡s. Es especialmente Ãºtil para problemas de aprendizaje supervisado y no supervisado.

18.3 Aplicaciones de la IA y el Aprendizaje AutomÃ¡tico en Python:

Python ha sido utilizado en una amplia variedad de aplicaciones de IA y Aprendizaje AutomÃ¡tico. Algunas de las Ã¡reas mÃ¡s destacadas incluyen:

- VisiÃ³n por computadora: Python ha demostrado ser una excelente opciÃ³n para el desarrollo de sistemas de reconocimiento de imÃ¡genes y detecciÃ³n de objetos. Las librerÃas como OpenCV y scikit-image ofrecen herramientas para procesar imÃ¡genes, extraer caracterÃsticas y entrenar modelos para tareas de visión por computadora.

- Procesamiento del lenguaje natural (NLP): Python es ampliamente
  utilizado en el procesamiento del lenguaje natural, que se enfoca
  en la interacción entre las computadoras y el lenguaje humano.
  Las librerías como NLTK y spaCy brindan herramientas y
  algoritmos para el procesamiento y análisis de texto, como la
  tokenización, el etiquetado gramatical, la extracción de
  entidades y más.

- Análisis de datos y minería de datos: Python es una opción
  popular para el análisis de datos y la minería de datos, ya que
  proporciona librerías como Pandas y NumPy que permiten manipular
  y analizar grandes conjuntos de datos de manera eficiente.
  Además, las librerías de Aprendizaje Automático como scikit-
  learn ofrecen algoritmos para la clasificación, regresión,
  agrupamiento y más.

- Robótica: Python ha ganado popularidad en el campo de la
  robótica debido a su facilidad de uso y su capacidad para
  integrarse con hardware y controladores de robots. Las librerías
  como ROS (Robot Operating System) y PyRobot ofrecen herramientas
  y frameworks para el desarrollo de sistemas de control y
  percepción en robótica.

Conclusiones:

Python se ha convertido en una de las herramientas más poderosas y
populares para la implementación de soluciones de Inteligencia
Artificial y Aprendizaje Automático. Su sintaxis legible, su amplio
ecosistema de librerías y su facilidad de uso lo hacen ideal tanto
para principiantes como para expertos en el campo.

En este capítulo, hemos explorado los fundamentos de la IA y el
Aprendizaje Automático, así- como algunas de las librerías más
populares en Python, como TensorFlow, Keras, PyTorch y scikit-learn.
También hemos destacado algunas de las aplicaciones de la IA y el
Aprendizaje Automático en áreas como la visión por computadora,
el procesamiento del lenguaje natural, el análisis de datos y la
robótica.

Dominar el uso de Python en la IA y el Aprendizaje Automático te
permitirá desarrollar soluciones sofisticadas y aprovechar al
máximo el potencial de estas disciplinas en diversas áreas de
aplicación. Recuerda que la práctica constante y la exploración
de proyectos reales te ayudarán a mejorar tus habilidades y
convertirte en un experto en IA y Aprendizaje Automático con
Python.

Capítulo 19: Despliegue y empaquetado de aplicaciones: Prepara tus
programas para distribución y uso en producción

Introducción:

Una vez que has desarrollado una aplicación en Python, es importante saber cómo desplegarla y empaquetarla correctamente para su distribución y uso en producción. El proceso de despliegue implica preparar tu código, configurar el entorno de ejecución y asegurarse de que la aplicación esté lista para ser utilizada por los usuarios finales. En este capítulo, exploraremos las mejores prácticas y herramientas para el despliegue y empaquetado de aplicaciones en Python.

19.1 Preparación del entorno de producción:

Antes de desplegar tu aplicación, es esencial asegurarse de que el entorno de producción esté correctamente configurado. Esto implica instalar las dependencias necesarias, configurar variables de entorno y ajustar la configuración para que se adapte al entorno de producción.

Una práctica común es utilizar un entorno virtual para aislar las dependencias de tu aplicación y evitar conflictos con otros paquetes instalados en el sistema. Herramientas como virtualenv y conda permiten crear y gestionar entornos virtuales de forma sencilla.

Además, es importante configurar variables de entorno, como claves de API o información de conexión a bases de datos, de forma segura y adecuada para el entorno de producción. Esto puede implicar el uso de archivos de configuración externos o variables de entorno del sistema.

19.2 Empaquetado de aplicaciones:

El empaquetado de aplicaciones en Python consiste en crear un paquete que incluya todos los archivos necesarios para ejecutar la aplicación de manera independiente. Esto facilita su distribución y permite a los usuarios instalar y utilizar la aplicación de forma sencilla.

Existen varias herramientas y enfoques para empaquetar aplicaciones en Python:

- Distutils: Distutils es un módulo estándar de Python que permite crear paquetes distribuibles. Con Distutils, puedes especificar los archivos y dependencias que deben incluirse en el paquete, así como las instrucciones de instalación.

- setuptools: setuptools es una extensión de Distutils que proporciona funcionalidades adicionales, como la capacidad de gestionar dependencias automáticamente y definir puntos de entrada para crear scripts ejecutables.

- PyInstaller: PyInstaller es una herramienta popular para empaquetar aplicaciones en un solo archivo ejecutable. Permite crear un archivo ejecutable que incluye todos los archivos necesarios, incluidas las dependencias de Python.

- Docker: Docker es una plataforma de contenedores que permite
  empaquetar una aplicación y todas sus dependencias en un
  contenedor virtualizado. Esto facilita la distribución y el
  despliegue de la aplicación en diferentes entornos sin
  preocuparse por las diferencias de configuración.

19.3 Despliegue de aplicaciones:

Una vez que has empaquetado tu aplicación, es hora de desplegarla
en el entorno de producción. El método de despliegue dependerá
del entorno y las necesidades específicas de tu aplicación.

Algunas opciones comunes de despliegue incluyen:

- Servidores web: Si tu aplicación es una aplicación web, puedes
  desplegarla en un servidor web como Apache o Nginx. Esto implica
  configurar el servidor web para que sirva tu aplicación y maneje
  las solicitudes HTTP entrantes.

- Plataformas como servicio (PaaS): PaaS, como Heroku o Google App
  Engine, proporcionan entornos de ejecución preconfigurados para
  desplegar aplicaciones web. Estas plataformas se encargan de la
  infraestructura y te permiten centrarte en el desarrollo de tu
  aplicación.

- Contenedores: Como se mencionó anteriormente, el uso de
  contenedores, como Docker, simplifica el despliegue de
  aplicaciones al encapsular todas las dependencias en un
  contenedor virtualizado. Los contenedores son portátiles y se
  pueden desplegar en diferentes entornos sin preocuparse por las
  diferencias de configuración.

- Servicios en la nube: Muchos proveedores de servicios en la nube,
  como AWS, Azure y Google Cloud Platform, ofrecen servicios
  específicos para desplegar aplicaciones. Estos servicios
  proporcionan infraestructura escalable y gestionada, así como
  herramientas para el despliegue y la gestión de aplicaciones.

19.4 Automatización del despliegue:

La automatización del despliegue es crucial para garantizar que el
proceso de despliegue sea confiable y repetible. Las herramientas de
automatización, como Ansible, Chef y Puppet, permiten definir y
gestionar la configuración de los servidores y aplicaciones de
forma declarativa.

Además, puedes aprovechar las herramientas de integración continua
y entrega continua (CI/CD) para automatizar el proceso de
despliegue. Estas herramientas, como Jenkins, GitLab CI/CD o Travis
CI, te permiten construir, probar y desplegar automáticamente tu

aplicación en entornos de producción cada vez que se realiza un cambio en el repositorio de código.

Conclusiones:

El despliegue y empaquetado de aplicaciones en Python es un paso crucial en el desarrollo de software. Preparar adecuadamente el entorno de producción, empaquetar la aplicación de forma adecuada y desplegarla correctamente asegura que tu aplicación esté lista para ser utilizada por los usuarios finales.

En este capítulo, hemos explorado las mejores prácticas y herramientas para el despliegue y empaquetado de aplicaciones en Python. Desde la preparación del entorno de producción hasta el uso de herramientas como Distutils, setuptools, PyInstaller y Docker, existen diversas opciones para empaquetar y desplegar aplicaciones Python de manera eficiente.

Recuerda que la automatización del despliegue y el uso de herramientas de CI/CD pueden simplificar y agilizar el proceso de despliegue. Mantén siempre en mente la seguridad y la escalabilidad al desplegar tu aplicación, y adapta el enfoque de despliegue según las necesidades y requisitos específicos de tu proyecto.

Dominar las técnicas de despliegue y empaquetado en Python te permitirá distribuir y utilizar tus aplicaciones de manera efectiva, asegurando una experiencia fluida para los usuarios finales y facilitando el mantenimiento y actualización de tus proyectos.

Capítulo 20: Proyectos finales: Desafíos y ejercicios para aplicar tus conocimientos y crear proyectos completos

Introducción:

Llegamos al último capítulo de nuestro libro "Dominando el poder de Python", donde te presentaremos una serie de proyectos finales que te desafiarán a aplicar todos los conocimientos adquiridos a lo largo del libro. Estos proyectos te permitirán demostrar tu habilidad para resolver problemas, diseñar soluciones y crear aplicaciones completas utilizando Python.

El objetivo de esta sección es proporcionarte la oportunidad de trabajar en proyectos prácticos que aborden diferentes áreas de desarrollo de software, desde aplicaciones web hasta procesamiento de datos o inteligencia artificial. Estos proyectos te permitirán poner en práctica tus habilidades de programación, mejorar tu comprensión de los conceptos clave y ganar experiencia en el desarrollo de proyectos reales.

20.1 Proyecto 1: Aplicación de gestión de tareas

El primer proyecto consiste en desarrollar una aplicación de gestión de tareas que permita a los usuarios crear, actualizar y eliminar tareas. Esta aplicación debe tener una interfaz de línea de comandos o una interfaz gráfica de usuario simple. Puedes utilizar las estructuras de datos y los conceptos aprendidos en los capítulos anteriores, como listas, diccionarios y funciones, para implementar la lógica de la aplicación.

La aplicación debe permitir a los usuarios agregar nuevas tareas, marcar tareas como completadas, eliminar tareas y mostrar una lista de tareas pendientes. También puedes agregar funcionalidades adicionales, como la capacidad de establecer fechas límite para las tareas o clasificarlas por prioridad.

20.2 Proyecto 2: Análisis de datos y visualización

En este proyecto, te desafiamos a utilizar Python para realizar el análisis y la visualización de datos. Puedes elegir un conjunto de datos que te interese, como datos de ventas, datos climáticos o datos de redes sociales, y utilizar librerías como Pandas, Matplotlib o Seaborn para procesar y visualizar los datos.

Por ejemplo, puedes realizar un análisis exploratorio de datos, calcular estadísticas descriptivas, crear gráficos de barras, diagramas de dispersión o diagramas de caja y bigotes. También puedes utilizar técnicas de visualización más avanzadas, como mapas de calor, gráficos de líneas de tiempo o diagramas de red.

El objetivo de este proyecto es demostrar tu capacidad para utilizar Python como una herramienta efectiva para el análisis y la visualización de datos. Además, te permitirá practicar la manipulación de datos, la implementación de algoritmos y la presentación visual de los resultados.

20.3 Proyecto 3: Aplicación web

En este proyecto, te desafiamos a desarrollar una aplicación web utilizando un framework como Django o Flask. Puedes elegir el tema de la aplicación, como un blog, un sistema de reservas o un tablero de tareas. Utiliza los conceptos de programación orientada a objetos, manejo de rutas, plantillas HTML y bases de datos para implementar la funcionalidad de la aplicación.

La aplicación web debe permitir a los usuarios registrarse, iniciar sesión, crear contenido, interactuar con otros usuarios y realizar operaciones básicas de CRUD (Crear, Leer, Actualizar, Eliminar). También puedes agregar características adicionales, como autenticación de usuario, envío

de correos electrónicos o integración con servicios externos.

Este proyecto te permitirá familiarizarte con el desarrollo de aplicaciones web utilizando Python y un framework popular. Aprenderás sobre la arquitectura MVC (Modelo-Vista-Controlador), la gestión de formularios, la seguridad de las aplicaciones web y la implementación de características avanzadas.

20.4 Proyecto 4: Juego de palabras

En este proyecto, te desafiamos a desarrollar un juego de palabras utilizando Python. Puedes crear un juego como el ahorcado, el scrabble o un juego de adivinanzas de palabras. Utiliza las estructuras de datos y las funciones para implementar la lÃ³gica del juego, como la generaciÃ³n de palabras aleatorias, la verificaciÃ³n de palabras ingresadas por el jugador y el seguimiento de la puntuaciÃ³n.

Puedes agregar caracterÃsticas adicionales, como niveles de dificultad, pistas para ayudar al jugador o la capacidad de jugar contra la computadora. Utiliza tÃ©cnicas de manipulaciÃ³n de cadenas, diccionarios y listas para implementar la lÃ³gica del juego y proporcionar una experiencia de juego divertida y desafiante.

Este proyecto te permitirÃ¡ aplicar tus habilidades de programaciÃ³n en un contexto de juego y te desafiarÃ¡ a utilizar conceptos aprendidos en los capÃtulos anteriores, como estructuras de datos, control de flujo y manipulaciÃ³n de cadenas. TambiÃ©n te permitirÃ¡ practicar la resoluciÃ³n de problemas y la implementaciÃ³n de reglas de juego.

Conclusiones:

En este Ãºltimo capÃtulo, hemos presentado una serie de proyectos finales que te desafiarÃ¡n a aplicar tus conocimientos de Python y crear proyectos completos. Estos proyectos abarcan diferentes Ã¡reas de desarrollo de software, desde aplicaciones de gestiÃ³n hasta anÃ¡lisis de datos, desarrollo web y juegos.

Cada proyecto te brinda la oportunidad de demostrar tus habilidades de programaciÃ³n, practicar los conceptos aprendidos a lo largo del libro y ganar experiencia en el desarrollo de proyectos reales. AdemÃ¡s, te desafÃan a resolver problemas, diseÃ±ar soluciones y crear aplicaciones funcionales y atractivas.

Recuerda que los proyectos finales no solo te permiten aplicar tus conocimientos, sino que tambiÃ©n te brindan la oportunidad de aprender nuevas habilidades y explorar Ã¡reas especÃficas de interÃ©s, como el anÃ¡lisis de datos, la inteligencia artificial o el desarrollo web.

A medida que te enfrentes a estos proyectos, no dudes en experimentar, investigar y buscar soluciones creativas. Utiliza la documentaciÃ³n oficial de Python, las comunidades en lÃnea y otros recursos disponibles para ampliar tus conocimientos y superar los desafÃos que puedan surgir.

Â¡Disfruta de estos proyectos finales y continÃºa desarrollando tus habilidades en Python! Recuerda que la prÃ¡ctica constante es clave para convertirte en un programador experto. Â¡Buena suerte en tus proyectos y en tu viaje de dominar el poder de Python!

www.ingramcontent.com/pod-product-compliance
Lightning Source LLC
Chambersburg PA
CBHW070459220526
45466CB00004B/1894